Linux M

Manuale Utente Monfy-Mate
Appunti e Pensieri

Premessa:

Scrivo questo piccolo libro portando a conoscenza la mia personale esperienza nel mondo Open Source, appunti di una conoscenza e della modalità d'uso.

Molti non sanno che esistono Sistemi operativi differenti da Windows o dal Mac ... e uno molto importante è proprio Linux...
Molti non sanno che il mondo dei pc è similarmente paragonabile a quello dei cellulari di ultima generazione (iPhone - smartphone - Tablet ecc)
come tutti sanno i questi apparecchi hanno ben tre sistemi operativi principali (o perlomeno i più conosciuti ...)
Windows mobile (windows 8) Iphone (mac OSX) e Android... (Linux).
E si, il vostro smartphone Android è nato con base linux...
Il play store è quella APP che vi permette di scaricare giochi, applicazioni, programmi e altre app... e siamo tutti capaci ad usarlo... è Lì, lo abbiamo tutti e tutto funziona alla perfezione... Ecco Linux è praticamente identico, abbiamo il software center, troviamo programmi, giochi, applicazioni, un click e si installa il programma selezionato; ci sono 37000 software tra programmi app accessori, tutti scaricabili gratuitamente e ci sono anche quelle a pagamento, esattamente come il play store di Android o l'app-store di iPhone... ancora credete che usare linux sia davvero così tanto difficile?

Vi farò conoscere il mondo Linux e nello specifico Monfy-Mate, una distribuzione nata per gioco e diventata in poco tempo una chicca nelle remix derivate di Ubuntu.
Spazierò nelle descrizioni e nella storia di Linux in generale quindi sedetevi comodi, e vi appassionerete all'antagonista dei più conosciuti sistemi operativi conosciuti...

Ubuntu: L'antagonista:
Il sistema operativo

1 - Sicurezza

2 - Stabilità

3 - Semplicità di installazione, migrazione e integrazione

4 - Operatività immediata

5 - Semplicità di utilizzo

6 - Aggiornamenti di sicurezza giornalieri

7 - Supporto a lungo termine da 18 a 36 mesi

8 - Nuove versioni ogni 6 mesi, 24 mesi per le versioni LTS

9 - Utilizzo anche su macchine datate

10 - Vasta scelta di software free oltre 37.000 applicazioni

11- Software Libero e Open Source

12- Vantaggi economici

1) Sicurezza

Linux, nelle sue diverse distribuzioni, Debian/Ubuntu/Mint/ e le varie remix come Monfy-mate è inattaccabile da Virus, Worm, Spyware; un'eventuale e rarissimo attacco verrebbe confinato nello spazio utente senza intaccare il sistema operativo.
Non necessitando di Antivirus il Sistema Operativo è molto veloce e si carica in circa 30/40 secondi. (il perchè sarà spiegato alla fine di questo capitolo)

2) Stabilità

Data l'architettura dei sistemi Linux, di cui Monfy-Mate fa parte, ogni utente e ogni programma hanno un loro spazio di memoria su cui "girare" e solo tramite il kernel, il cuore del sistema, comunicano con l'hardware. Vi è una netta distinzione fra "User Space" e "Kernel Space" Problemi su un programma o un utente non bloccano il sistema operativo. Molti utenti Ubuntu/Linux non mai visto il loro Pc andare in "crash". E' un S.O. Multitasking e multiutente reale.

3) Semplicità di installazione, migrazione e integrazione

Basta inserire il CD di Ubuntu e l'installazione parte da sola, spiegando punto per punto cosa fare; è anche possibile installare il sistema operativo in parallelo ad altri e al momento dell'accensione della macchina decidere con quale sistema operativo lavorare; si può provare Ubuntu direttamente da CD senza installarlo sul PC e verificarne quindi la compatibilità con la nostra "macchina".
Durante l'installazione se presente un'altro S.O. Chiede se deve importare preferiti e altre impostazioni.
Sino a quattro utenti si possono collegare allo stesso Pc con un'altro Pc sfruttandone le potenzialità hardware. Si può tranquillamente creare una rete mista Ubuntu/Windows senza particolari problemi e condividere file e stampanti.

4) Operatività immediata

Browser Internet, programmi per la posta elettronica, video, musica e messaggistica installati assieme al sistema operativo. Viene anche installata LibreOffice una suite di produttività pari a MSOffice© che legge e scrive nei formati Microsoft© oltre a salvare nativamente in PDF e nei formati XML. Mai più problemi con i driver, l'hardware aggiuntivo viene riconosciuto e diventa immediatamente utilizzabile; stampanti, hard disk esterni, chiavette usb e Internet, monitor, macchine fotografiche digitali, lettori MP3 e altro.

5) Semplicità di utilizzo

Tutto il Sistema Operativo ed i programmi sono in Italiano. Menu intuitivo suddiviso per categorie, utilizzo delle finestre, interfaccia personalizzabile Sono disponibili diverse interfacce utente principali tra le quali:
GNOME; KDE; XFCE; LXDE; UNITY; MATE.
Il servizio gratuito UbuntuOne permette di sincronizzare una cartella in remoto fra più Pc permettendo cosi' un comodo strumento di BackUp e la sicurezza di avere i propri dati sempre aggiornati su più Pc ad esempio casa – ufficio – portatile.

6) Aggiornamenti di sicurezza giornalieri

Il programma, in automatico e giornalmente, cerca aggiornamenti per ogni programma installato, se esistenti li scarica via internet e li installa; se la connettività non è presente è sempre possibile aggiornare via Cd o rete locale. Gli aggiornamenti sono di sicurezza o aggiungono nuove funzioni al parco software già installato e non rallentano a lungo andare il vostro Pc. Il riavvio della macchina viene chiesto solo quando ci sono cambiamenti al Kernel, il cuore del sistema operativo; alcuni server con Linux "girano" da anni senza bisogno di alcun riavvio.

7) Il supporto a lungo termine (LTS, long term support)

8) Nuove versioni ogni 6 mesi

Esistono due versioni del S.O. La standard e la LTS Long Term
Support. La prima è aggiornata ogni 6 mesi e gode di un
supporto di sicurezza di 18 mesi, la LTS è aggiornata ogni 24
mesi e gode di un supporto di sicurezza di 36/60 mesi.
L'aggiornamento alla versione successiva è fatto via Internet,
via rete locale o via CD.
La versione LTS è la più indicata per macchine da ufficio.
Prima del rilascio della versione definitiva vengono rilasciate
tre versioni beta in modo che volontari, appassionati e
programmatori possano testarla a fondo, correggere
eventuali problematiche e cosi' assicurarsi che la versione
definitiva sia veramente definitiva e non necessiti di patch o
service pack.

9) Utilizzo anche su macchine datate

Ubuntu è un sistema operativo molto meno esoso in termini
di richiesta hardware rispetto ai sistemi operativi Microsoft e
può tranquillamente essere installato su macchine che hanno
anche 7/8 anni. XFCE, LXDE e MATE sono DE molto leggeri.

10) Vasta scelta di software free

Un "catalogo software" offre la possibilità di cercare ed
installare, con immediatezza, fra più di 37.000 software divisi
per categoria e ognuno con la propria descrizione. Pochi click
ed il nuovo programma è installato stessa cosa per la
disinstallazione.
Il sistema operativo verifica cosa cancellare e cosa va
mantenuto per evitare problemi con altri software installati.
Tramite il programma "Wine" è sempre possibile installare
applicazioni scritte per il mondo Microsoft, sempre che c'è ne
sia bisogno ...

11) Software Libero e Open Source

Le distribuzioni Linux sono Open Source e Software Libero,
questo significa che il codice sorgente è libero quindi

chiunque può apportare migliorie o scrivere software che si basa su di esso, è inoltre Libero quindi può essere installato e copiato senza limitazioni di sorta. Mai più software pirata sul tuo Pc. Una vasta community è disponibile, anche in Italiano, per aiutare a risolvere qualsiasi problematica che dovesse presentarsi nel corso del suo utilizzo.

12) Vantaggi economici

Ad esclusione di poche distribuzioni, Linux è e sarà sempre gratuito, si avete letto bene: non costa nulla.
Migliaia di programmatori contribuiscono allo sviluppo di Ubuntu anche grazie a Canonical che si occupa dell'assistenza e che devolve parte dei suoi profitti a Ubuntu. Porto ad esempio la Provincia di Bolzano. La Provincia ha deciso di passare, per quanto riguarda le Scuole di lingua Italiana, all'Open Source ed al Software Libero ne è risultato per 83 scuole un risparmio, annuo, di € 269.000,00.
Nella stessa Provincia il Consorzio dei Comuni, che utilizza software opensource anche per i suoi server, ha avuto un risparmio di € 500.000,00 e la Provincia di Bolzano, con i suoi 4500 Pc,solamente passando da Office Microsoft a OpenOffice ha avuto un risparmio di € 1.000.000,00...e la Camera dei Deputati che passando a Linux ha risparmiato 3.000.000 di Euro l'anno.

Perchè LINUX è immune (o quasi) da virus?

Definizioni

Prima di tutto, una definizione dei diversi tipi di virus, o meglio di "malware".

Virus:
un virus è un programma malevolo che usa un altro programma come veicolo di diffusione e replicazione, esattamente come fanno i virus biologici che usano le cellule per riprodursi. Un virus ha quindi bisogno di un altro programma da infettare.

Trojan:
un trojan (cavallo di Troia) è un programma che fa credere all'utente di essere utile, mascherandosi da qualcos'altro. Ad esempio alcuni trojan appaiono inizialmente come dei codec per la riproduzione di contenuti multimediali.

Worm:
un worm (verme) è un programma malevolo che può riprodursi senza bisogno di farsi veicolare da un altro programma.

Toolkit/Rootkit:
un toolkit può essere malevolo o no. Con lo stesso termine infatti si indicano sia programmi utili (come le librerie GTK) sia programmi malevoli. In questo secondo caso ci si riferisce a librerie che vanno a sostituirsi o affiancarsi a quelle di sistema o di programmi per procurare danni, nascondendosi in modo da sfuggire all'attenzione dell'utente. Quando un toolkit coinvolge il kernel del sistema operativo (ad esempio come finto driver), si parla di **rootkit**. Di norma l'uso di questo malware è quello di installare una **backdoor** ("porta sul retro") attraverso cui l'attaccante può entrare nel sistema colpito e prelevarne i dati o addirittura prenderne il controllo.

Wabbit:
 è un programma malevolo che non usa i servizi di rete o altri file o programmi per riprodursi. Un esempio è la **fork bomb**.

Altri tipi di malware:
altri tipi di malware si distinguono più per lo scopo che per le modalità di azione e diffusione, di solito riconducibili alle categoria precedenti. Tra questi ricordiamo gli **spyware** (codice spia), gli **adware** (pubblicità indesiderate che compaiono sul desktop) e i **keylogger**, programmi che registrano l'attività dell'utente soprattutto al fine di scoprire le password e i numeri di carta di credito digitati. Inoltre la diffusione di formati di file che possono contenere codice anche se non sono programmi veri e propri (ad esempio i formati documenti che possono contenere macro o le pagine web che possono contenere javascript) ha portato alla nascita di **macrovirus**.

Bene, ma come agisce un malware?
Non è sufficiente che il malware entri a contatto con il sistema (ad esempio attraverso uno scambio di file, una e-mail o la visualizzazione di una pagina web), ma è necessario che entri in esecuzione. Difatti gli antivirus mettono i file infetti in "quarantena", ossia in una cartella controllata dove non possono più agire.
Quando il malware entra in contatto con il sistema deve presentarsi uno dei seguenti casi affinché esso possa entrare in esecuzione:
una azione volontaria dell'utente mette in esecuzione il malware: questo è il caso dei trojan e di molti worm;
il malware entra in esecuzione anche in mancanza di una azione volontaria: in tal caso è stata sfruttata una **vulnerabilità**.
Una vulnerabilità è una falla di un programma che produce un comportamento non previsto dal programmatore o considerato (a torto) non pericoloso.

Ed ora, ecco perché un antivirus è quasi sempre inutile

I Permessi:
I sistemi operativi di tipo Unix hanno una rigida e complessa gestione dei permessi. Ogni utente, e quindi ogni programmi eseguito da tale utente, può fare con un file solo ciò che è consentito in base ai permessi che egli possiede. Si consulti la guida del comando sudo per approfondire la logica dei permessi.
Questo implica alcune conseguenze:
- i programmi utente sono separati da quelli di amministrazione;
- I programmi utente possono agire solo sulla home di quell'utente, non sui file di amministratore né su quelli di altri utenti;
- i programmi per essere eseguiti devono avere lo speciale attributo di eseguibili.

In base a ciò, un malware che agisce a livello utente non può creare danni al sistema, ma può al limite cancellare o infettare solo i file appartenenti a quel determinato utente. Di norma nessun sistema di tipo Unix installa i programmi (neppure i programmi utente) nella directory home dell'utente. Ciò, unito alla suddetta gestione dei permessi, mette al riparo il sistema dall'infezione da parte dei tradizionali virus che non trovano eseguibili a cui "attaccarsi". I **worm** non possono agire perché per farlo devono avere i permessi di esecuzione. I **rootkit** non possono installarsi autonomamente in quanto caricare un modulo/driver nel kernel richiede i permessi di amministrazione.
Ciò a meno di vulnerabilità del sistema. Infatti una vulnerabilità grave può permettere al malware di superare tali restrizioni e acquisire i permessi di amministratore.
Ciò è già accaduto per i sistemi di tipo Unix. Il primo della storia è nato proprio per Unix sfruttando una vulnerabilità.

Essere open source
Un software open source, e quindi GNU/Linux, ha la caratteristica di avere il codice sorgente liberamente consultabile e modificabile. Questo apparentemente

potrebbe rendere meno sicuro il sistema. In teoria, se tutti conoscono il codice sorgente, chiunque può scoprirne le vulnerabilità e quindi sfruttarle con fini fraudolenti.

Nella pratica, però, si realizza l'esatto opposto: proprio perché tutti possono scoprire facilmente le vulnerabilità, esse possono venire tempestivamente corrette. Molte vulnerabilità vengono infatti corrette ancora prima che possano essere sfruttate a danno del sistema.

Navigare sul Web con un browser open source è più sicuro che navigare con uno proprietario e usare una suite per l'ufficio open source è più sicuro che usarne una proprietaria.

Rafforziamo i permessi

Sono stati adottati vari meccanismi preventivi per rafforzare la sicurezza del sistema come:

l'uso di chiavi di autenticazione per il software e i repository che assicurano la provenienza originale e sicura degli stessi;

la necessità, quando si esegue un programma nella directory corrente, di anteporre il suo percorso ./ in modo tale che un programma che abbia lo stesso nome di un comando comunemente usato, non possa essere per sbaglio eseguito al posto di tale comando (questa semplice precauzione ha stroncato la diffusione di worm come **ls**);

ulteriori rafforzamenti del meccanismo dei permessi come SELinux (sviluppato dalle forze armate statunitensi e AppArmour (sviluppato da Novell e presente in Ubuntu): tali sistemi creano i cosiddetti "contesti": ad esempio una pagina html creata nella home dell'utente, anche se trasferita nella directory di Apache /var/www non funzionerà in quanto nata in un contesto differente; un programma presente nella directory utente non verrà eseguito se trasferito in una directory di sistema come /usr/bin/.

Unix e il malware

Per comprendere quanto i sistemi Unix siano sicuri è utile consultare alcune fonti:

la pagina di uno dei programmi più noti, apprezzati e premiati nella lotta al malware chkrootkit. Questa elenca solo una decina di malware (sia rootkit che worm) in oltre 10 anni di sviluppo del programma. Alcuni di questi sono worm ormai desueti come il citato **ls**, altri sono **rootkit** solo per alcuni sistemi Unix che quindi non coinvolgono gli altri sistemi della stessa famiglia (ad esempio un malware per Solaris non può agire su GNU/Linux o *BSD), altri ancora si riferiscono a determinate versioni del kernel di tali sistemi (infatti una volta corretta la vulnerabilità il malware è diventato innocuo). Sfogliando il changelog del programma si nota che i malware aggiunti annualmente per i sistemi Unix supportati dal programma sono dell'ordine di qualche unità; la pagina sui virus per Linux nella documentazione internazionale di Ubuntu, nella quale si illustrano i pochi malware conosciuti per Linux, la maggior parte dei quali nei fatti risulta innocua (perché, per esempio, necessità dei permessi di amministratore).

Nella realtà, il concetto di virus, è praticamente sconosciuto nei sistemi di tipo Unix, essendo i pochi finora scoperti non in grado di diffondersi efficacemente, perché necessiterebbero di entrare fraudolentemente in possesso dei permessi di amministratore.

Prologo

(gentilmente donatomi da Christian Biasco)

Il sistema operativo è l'insieme dei programmi responsabili della gestione e del controllo delle operazioni di base del computer. Un computer, per funzionare, ha bisogno di un sistema operativo.

Quando accendete un computer, nella maggior parte dei casi, si sente un suono caratteristico.

Questo significa che quel computer pensa e agisce utilizzando una qualche versione di Windows, il sistema operativo sviluppato da Microsoft, la multinazionale di Bill Gates, l'uomo più ricco del mondo.

E qui le possibilità sono due:

o avete comprato una licenza per usare quel sistema operativo su quel computer oppure siete dei pirati che stanno rubando dei soldi all'uomo più ricco del mondo e dunque perseguibili per legge. Qualcuno subito dirà che a voi Windows l'hanno regalato quando avete comperato il computer. Si certo, anche i sedili dell'auto sono in omaggio quando comprate un'auto... Le copie di Windows fornite in "omaggio" si pagano come parte del prezzo finale del computer. Ma non finisce qui! I sistemi operativi Microsoft sono "proprietari", che significa che vengono solo concessi in licenza. Sì, ma non stiamo a cavillare, dirà qualcun altro, windows è l'unico sistema operativo per PC e se togli il sistema operativo, il computer serve solo come soprammobile. No, sbagliato. L'alternativa c'è, grazie a tre animali: uno gnu, un pinguino e un caprone affidabile (Trusty Tahr) la versione 14.04 LTS.

GNU/Linux

A metà degli anni Ottanta, Richard Stallman, un genio dell'informatica, fonda la Free Software Foundation (FSF), un'organizzazione senza scopo di lucro costituita per sviluppare e distribuire software libero. Stallman e i suoi si oppongono all'idea che il software possa avere dei "padroni" e che questi possano imporre agli utilizzatori grosse restrizioni. Avviano così il progetto GNU per creare un intero sistema operativo libero. Sparsa per il mondo e grazie a internet, si forma una comunità di appassionati di informatica, che per passione e non per lucro collaborano nel progetto. Agli inizi degli anni Novanta, la comunità GNU ha quasi ultimato il suo sistema operativo, ma gli manca un "nucleo", un kernel, e a questo ci pensa Linus Torvalds, uno studente al secondo anno di informatica all'Università di Helsinki che sviluppa Linux, rappresentato dal pinguino Tux. Così, è finalmente a disposizione un sistema operativo completo, funzionante, e completamente libero. GNU/Linux da subito si distingue per l'incredibile velocità, soprattutto per internet. Riassumiamo: un computer, per funzionare ha bisogno di un sistema operativo. Windows è il sistema operativo più diffuso, ma è un programma proprietario, che significa che non siete autorizzati a darlo ad altri e non potete modificarlo, anche perché non vi è dato sapere come funziona. GNU/Linux è un altro sistema operativo, un'alternativa a Microsoft Windows, ed è libero. Potete studiare come è fatto e modificarlo come vi garba, in ogni minimo dettaglio. E potete copiarlo e distribuirlo a piacimento, senza essere definiti dei "pirati" e rischiare dure sanzioni. Dunque non è vero che il vostro computer deve per forza pensare con Windows, può pensare anche in altro modo, ad esempio con il sistema operativo del pinguino.

Ma che cos'è concretamente 'sto pinguino?
Dove lo trovo? Al polo Sud?
E come ce lo metto dentro il computer?
Libero significa che è gratuito? ...
cosa vuol dire, che vale poco?
E poi sarà complicatissimo, no, no, meglio lasciar perdere...
E se ho dei problemi chi mi aiuta?

Calma una questione per volta... ci arriveremo...

All'inizio il sistema GNU/Linux poteva essere installato solo dagli smanettoni e da prodigiosi ragazzetti brufolosi. Un comune mortale non ci avrebbe capito un accidente.
Ma con il tempo si sono sviluppate sempre più delle versioni

complete, già pronte per essere velocemente installate e configurate anche dalle persone normali. Queste differenti versioni vengono chiamate "distribuzioni" e ce ne sono davvero molte in giro. Ci sono quelle più semplici e quelle più complesse ma più performanti. Ci sono quelle super-etiche e quelle semi-commerciali. Ognuna ha i suoi pregi. Senza voler togliere niente alle altre, noi ne abbiamo scelta una in particolare: Ubuntu.

Il termine "Ubuntu" deriva da una antica parola Zulu diffusa in varie parti dell'Africa, che corrisponde indicativamente al concetto di "umanità verso gli altri", a volte tradotto anche "io sono ciò che sono per merito di ciò che siamo tutti". Ubuntu è una distribuzione GNU/Linux nata nel 2004, che si concentra sulla facilità di installazione e d'uso e sul rilascio regolare delle nuove versioni.

Ogni sei mesi una nuova, con un numero facile da interpretare e con nome di un animale: L'ultima versione si chiama Trusty Tahr , mentre la prossima, quella di ottobre, si chiamerà Utopic Unicorn.

L'ideatore dell'iniziativa è Mark Shuttleworth, un giovane imprenditore sudafricano salito alla ribalta delle cronache quando, nel 1999, a soli 26 anni, ha venduto la sua compagnia di certificati digitali su internet per 575 milioni di dollari. Con una parte di quei soldi ha coronato il suo sogno di volare nello spazio, e ora finanzia vari progetti, orientati soprattutto all'educazione e al software libero.

Fra questi, la distribuzione Ubuntu GNU/Linux. che si prefigge l'obiettivo di portare nel mondo del software il nobile concetto "Ubuntu". Lo slogan è infatti "Linux per esseri umani": ovvero estremamente facile da usare, completo, libero e gratuito! Ma vediamo da vicino questo Ubuntu, nell'ultima versione, la Lince. Accendiamo il computer... al posto della musica di una qualche versione di Windows, ascoltiamo un altro suono. La schermata iniziale è bella pulita. Non a tutti piace il colore Violetto della scrivania, ma voi potete metterci quello che volete. Apriamo la lista dei programmi e sorpresa! Troviamo tutto! Non dovete installare praticamente più niente.

Esiste un programma per la posta elettronica; per navigare su internet c'è il browser Firefox; C'è un programma per gestire la vostra musica, sul modello di iTunes, e ce n'è un'altro per guardare i vostri video e i vostri DVD. Anche le fotografie possono essere organizzate in modo molto efficiente. Fotoritocco stile Photoshop? Ci pensa il programma Gimp! Dovete masterizzare CD e DVD? Niente di più semplice! Esistono poi altre centinaia di programmi che si possono aggiungere con un paio di clic, E se non ne potete fare a meno, potete installare anche programmi proprietari, persino alcuni programmi specifici per Windows! E per sostituire Word, Excel e Powerpoint? Come fare con i vecchi documenti? Nessun problema c'è Open Office.org! Si possono elaborare testi e complesse tabelle di calcolo, preparare presentazioni, organizzare banche dati... ed è possibile importare tutti i vostri documenti che usavate con Microsoft Office!

E il tasto per spegnere? È in altro a destra, non nascosto sotto la scritta "START" che è la cosa più illogica del mondo!

Il sistema è solidissimo, pertanto, niente più angoscianti schermate blu, e conseguenti serie di sproloqui... ed è molto sicuro perché praticamente immune da virus e altre diavolerie della rete!
Non dovete spendere un mucchio di soldi per comprare i programmi, oppure entrare nell'illegalità e copiarli da qualcuno. C'è già tutto... ed è gratis. Gratis!
Assolutamente gratis! È difficile da credere... Come ottenere Ubuntu? Niente di più semplice: potete farvi mandare a casa il CD, oppure se avete una connessione ad internet lo scaricate dal sito. È possibile provare Ubuntu prima di installarlo, e comunque in ogni caso utilizzarlo in parallelo a Windows.
Gli aggiornamenti avvengono attraverso internet e in modo quasi automatico: quindi quando uscirà la nuova versione si installerà praticamente da sola senza darvi nessun fastidio. Per imparare ad usarlo, si trovano diverse guide in rete... tutte gratuite! E in caso di bisogno esistono diverse comunità di appassionati che vi potranno aiutare.

E poi ci sono i LUG, i Linux User Group, che sono praticamente ovunque. E in alcuni casi, persino le amministrazioni locali stanno organizzando dei corsi per GNU/Linux. Esistono diverse versioni di Ubuntu, ovvero variazioni sulla distribuzione principale: ufficiali e ufficiose. Ognuno può modificarla come vuole, no? Dunque così è stato fatto! Fra le ufficiali citiamo Kubuntu, con un'interfaccia grafica più simile a Windows, Edubuntu, adattato per le scuole, e poi ancora una variante più leggera, adatta ai vecchi computer: Xubuntu. Con questa versione i computer destinati a diventare rifiuto inquinante, che non sarebbero più in grado di far girare i nuovi programmi pieni di grafica e animazioni, possono essere utilizzati per svolgere comunque egregiamente operazioni di base...

... e se proprio siete di quelli che non possono rinunciare ai computer di ultima generazione e dei vecchi pc non sanno che farne, sappiate che ci sono associazioni che li prendono, ci installano linux e li riutilizzano, o li regalano a chi ne ha bisogno.

Monopolio Windows.
E ora il momento però di affrontare un punto caldo: Nella maggior parte dei negozi che vendono computer, sono obbligato a comprare... e ripeto... a comprare... insieme al computer, anche una licenza Microsoft, anche se poi a casa io ci voglio installare un altro sistema operativo, ad esempio GNU/Linux. Perché non posso scegliere? Come dice Paolo Attivissimo, e come se ogni volta che compro un rasoio devo per forza comprarmi anche una schiuma da barba di una specifica marca... e se sono allergico a quella schiuma? Attivissimo è stato infatti il primo in Italia ad aver ottenuto il rimborso per una licenza windows non utilizzata, ma non è facile riuscire nell'impresa... e nel frattempo la situazione è peggiorata visto che alcuni rivenditori vincolano la vendita del computer all'acquisto della licenza Microsoft. Per questa ragione il Professore Renzo Davoli, dell'Università di Bologna, ha proposto una petizione per obbligare i rivenditori ad esporre il costo reale di un sistema operativo preinstallato, ed inoltre permettere agli acquirenti di comperare un computer senza sistema operativo.

In attesa che le autorità accettino una tale proposta, sul sito www.linuxsi.com si può consultare la lista di rivenditori che vendono computer senza sistema operativo oppure che addirittura installano la distribuzione GNU/Linux desiderata. Ma torniamo a Ubuntu Lucid Lynx. Non può non nascere spontanea una domanda: Come si finanzia Ubuntu? Chi paga tutte le persone che ci lavorano?

Beh, innanzitutto ci sono tante persone che ci lavorano gratis. Per altruismo, per passione, oppure per imparare e dunque acquisire una professionalità valida. Poi ci sono gli scambi con altri gruppi di lavoro: io faccio un pezzo e tu in cambio me ne fai un altro. Ci sono poi le donazioni per un progetto aperto a tutti... Ma questa iniziativa non è solo un'azione filantropica: Ubuntu è finanziato in gran parte dalla società Canonical, che fornisce un servizio di assistenza in caso di problemi e che sviluppa soluzioni ad hoc per imprese e amministrazioni. Infatti per molti clienti sarà sempre importante potersi affidare a qualcuno che possa intervenire nel caso succeda qualcosa ai propri computer. Altre aziende avranno bisogno di adattamenti particolari del software per le loro esigenze. Questo tipo di lavoro merita indubbiamente di essere retribuito.

Canonical però non è monopolistica nel fornire questo tipo di servizi: professionisti e imprese indipendenti, in diversi paesi del mondo, offrono la stessa assistenza. Un evidente incentivo per le risorse locali perché chiunque può mettersi a studiare il software, diventare un bravo informatico e vivere della propria competenza. Sia chiaro: sostenere il software libero non significa non avere la possibilità di guadagnarci su. È solo che cambia la logica. Con un sistema proprietario si sfrutta la propria posizione di dominio, mentre con il software libero si può guadagnare con la propria competenza. Ma il termine "libero" fa paura al mondo degli affari... "free" in inglese significa "libero", ma anche "gratuito"... e "libero" dà anche l'idea di anarchico, sovversivo... e così due hackers di vecchio stampo hanno introdotto il termine "open source", per evidenziare i vantaggi pratici ed economici dello sviluppo "aperto" di nuovi software. Infatti sono molte le imprese che hanno fatto questa scelta. È anche logico, si sono resi conto che appoggiandosi sul lavoro di molte più persone che i propri dipendenti, porta ad un aumento delle proprie conoscenze e competenze. Banalizzando: L'iniziativa "Open Source" pone la questione sul piano del risparmio e dell'efficienza. Il Movimento del Free Software sulla difesa della libertà dell'utente. La differenza sta nella filosofia che ci sta dietro, ma in pratica indicano la stessa cosa.

Pubblica Amministrazione e scuola. Per quanto riguarda l'amministrazione pubblica però, non si può fare solamente un discorso di risparmio e di efficienza. Esiste infatti un'altra ragione rilevante per passare al software libero.

Troppo spesso i documenti pubblici sono salvati in formati proprietari, quasi sempre leggibili soltanto dai programmi proprietari con cui sono stati creati. E se fra 20 anni la chiave di codifica non sarà più a disposizione? Ci sono già stati casi di documenti pubblici persi perché scritti in un formato ormai non più leggibile. E poi, perché l'amministrazione pubblica deve obbligare i cittadini a comprare software proprietario per accedere a documenti pubblici? Un esempio concreto. Ad inizio giugno la RAI finalmente mette a disposizione parte del suo immenso archivio... ma sorpresa! Per poter visionare i video bisogna passare da un'applicazione Microsoft. Numerose sono le proteste che arrivano sul sito della TV nazionale, che trova una soluzione per i non-Microsoft dipendenti. Un altro esempio? Controllate se il sito internet del vostro Comune non abbia forse scritto da qualche parte "ottimizzato per IE". Spesso questi siti non rispettano gli standard del web, dunque se si vuole visualizzare correttamente il sito, si deve usare Internet Explorer, il browser di Microsoft che si può installare solo sui sistemi operativi Windows! E rispetto ai formati proprietari, la Free Software Foundation di Stallman, promuove una campagna contro l'utilizzo del formato Microsoft Word nella posta elettronica. anche perché i documenti .doc sono grandi portatori di virus, e possono essere fonte di imbarazzo, in quanto possono conservare quello che si pensava aver cancellato... Ma utilizzare software e formati proprietari è sicuramente ingiusto a scuola! È come offrire sigarette gratis ai giovani: si crea dipendenza. Così i ragazzi vengono costretti a usare software proprietario anche a casa e continueranno ad usarlo anche dopo aver conseguito il diploma.

Troppa carne al fuoco?

Ricapitoliamo:

1) Esistono sistemi operativi sicuri e gratuiti, ma soprattutto, liberi! E questi sistemi portano in dotazione un parco software sterminato!

2) Dovremmo poter avere il diritto di scegliere se comprare un computer con un sistema operativo "proprietario" già installato e nel caso non lo volessimo, dovremmo poter ottenere una diminuzione del prezzo di acquisto.

3) Il software libero promuove un nuovo modello di economia, dove si valorizzano maggiormente la collaborazione, le competenze, la libera concorrenza e una vera spinta all'innovazione.

4) Bisogna incentivare l'amministrazione pubblica e soprattutto la scuola, ad usare software e formati liberi: solo così si può garantire imparzialità, indipendenza e sicurezza.

5) E con il software libero finiscono anche i problemi legati alla pirateria! e nessuno vi dirà mai che cosa siete autorizzati a fare e che cosa no.

Chissà... forse, almeno nell'informatica, ci possiamo ancora immaginare una società più libera ed equilibrata... e se ciò sarà mai possibile, sarà grazie a persone come Stallman, Torvalds e Shuttleworth...

i padri dello gnu, il pinguino e del caprone (Trusty Tahr)

Ubuntu, Linux per tutti!

L'ultima versione LTS di Ubuntu in uso è la 14.04 - Trusty Tahr (Caprone Affidabile) rilasciata nell'aprile 2014 e supportata fino ad aprile 2019.

Questa sezione è un'introduzione a Ubuntu. Qui potrete scoprire la filosofia di Ubuntu e trovare informazioni su come portare il vostro contributo a Ubuntu e come ottenere aiuto con Ubuntu.

Ubuntu è un sistema operativo open source basato sul kernel Linux. La comunità di Ubuntu è fondata sull'idea insita nella filosofia di Ubuntu: il software deve essere disponibile gratuitamente, gli strumenti del software devono essere disponibili agli utenti nella loro lingua madre a prescindere dalle loro abilità e gli utenti devono avere la libertà di personalizzare e modificare il software in qualunque modo lo desiderino.

Per queste ragioni Ubuntu non sarà mai a pagamento e non è prevista alcuna quota aggiuntiva per l'edizione "enterprise"; il meglio del nostro lavoro sarà sempre disponibile a tutti, gratuitamente.

Ubuntu comprende il meglio che la comunità del software libero offre in termini di traduzioni e infrastrutture per l'accesso universale, così da rendere Ubuntu utilizzabile dal maggior numero di utenti possibile.

Ubuntu è rilasciato regolarmente a scadenze previste; ogni 6 mesi si rilascia una nuova versione ed è possibile scegliere di usare la versione stabile o di sviluppo. Ogni edizione è supportata per almeno 36 mesi.

Ubuntu è votato completamente ai principi del software libero e open source; gli utenti sono incoraggiati all'uso, al miglioramento e alla diffusione del software libero e open source.

Le differenze

Ci sono differenti operativi diversi basati su Linux: Debian, SuSE, Gentoo, RedHat, Mint, Fedora e Mandriva sono solo alcuni degli esempi. Ubuntu è un altro contendente in quello che è già un campo altamente competitivo.

Cosa rende quindi Ubuntu differente?

Basato su Debian, una delle distribuzioni più acclamate, tecnologicamente avanzate e meglio supportate, Ubuntu cerca di creare una distribuzione che fornisca un ambiente Linux aggiornato e coerente sia per l'ambiente desktop sia per l'ambiente server. Ubuntu comprende molti pacchetti selezionati direttamente dalla distribuzione Debian e ne mantiene il software per la gestione dei pacchetti che consente di installare e rimuovere facilmente i programmi. A differenza di molte distribuzioni che comprendono una grande quantità di software che può o non può essere utile, Ubuntu dispone di una selezione ridotta di programmi, ma di alta qualità e importanza. Concentrandosi sulla qualità, Ubuntu riesce a creare un ambiente solido e ricco di funzionalità, adatto per l'utilizzo in ambienti sia privati che commerciali. Il progetto dedica tutto il tempo necessario per prestare attenzione anche ai minimi dettagli ed è in grado di rilasciare ogni 6 mesi una versione che include il software più recente e migliore disponibile. Ubuntu è disponibile nelle edizioni per architetture a 32 o 64 bit e funziona sulla maggior parte dei computer. È inoltre presente una versione per le architetture Sun UltraSPARC e Amazon EC2.

L'ambiente grafico

Il desktop è ciò che si vede dopo l'accesso al computer ed è ciò che si utilizza per la gestione e l'avvio delle applicazioni. L'ambiente grafico predefinito di Ubuntu è Unity , un'importante suite per il desktop e una agile piattaforma per lo sviluppo per Unix e Linux.

Si può inoltre installare con gli ambienti grafici KDE, Lxde, Mate e Xfce, con il loro aspetto particolare. Mate, Lxde, KDE e Xfce sono disponibili per Ubuntu attraverso i rispettivi progetti: Ubuntu-Mate, Lubuntu, Kubuntu e Xubuntu ed è possibile installare una versione di Ubuntu solamente con KDE oppure con Xfce.

Ubuntu è completamente riconfigurabile e oltre agli ambienti grafici ufficiali ve ne sono altri io ho scelto "Mate" un fork di Gnome 2 in uso fino alla versione di ubuntu 10.04 lucid lynx, creando quindi questa nuova Remix: Monfy-Mate.

Come passare alla nuova versione di Ubuntu?
Ogni 6 mesi viene rilasciata una nuova versione di Ubuntu e il programma di gestione degli aggiornamenti ne notifica la disponibilità. Per verificare l'esistenza di una nuova versione:

1. Aprire «Sorgenti software» (Sistema/Amministrazione /Aggiornamenti software) e selezionare la scheda Aggiornamenti.

2. Nella sezione Avanzamento del rilascio, assicurarsi che sia selezionato Rilasci normali e fare clic su Chiudi.

3. Aprire il programma di gestione degli aggiornamenti (Sistema /Amministrazione/Gestore aggiornamenti), fare clic su Verifica e, se richiesta, inserire la propria password. Attendere lo scaricamento dell'elenco degli aggiornamenti.

4. Se è disponibile una nuova versione di Ubuntu, appare un riquadro nella parte superiore della finestra che avvisa della disponibilità di un nuovo rilascio della distribuzione.

5. Per effettuare l'avanzamento di versione, salvare tutti i documenti aperti e fare clic sul pulsante Aggiorna nel programma di gestione degli aggiornamenti.

La fase di aggiornamento, solitamente, richiede un po' di tempo per essere completata.
Tipicamente devono essere scaricati e installati circa 700MB di dati, ma questo dipende da quanti programmi sono installati nel proprio computer.
È possibile effettuare l'avanzamento all'ultimo rilascio di Ubuntu solo se si sta utilizzando la versione immediatamente precedente. Per avanzare da una versione più datata, è necessario eseguire l'avanzamento alla versione

temporalmente successiva a quella in uso e così via fino all'ultima versione. Per esempio, se si usa la versione 7.10 è necessario avanzare prima alla versione 8.04 e solo successivamente alla 8.10. L'unica eccezione a questa regola è rappresentata dalle versioni LTS (Long Term Support, supporto a lungo termine): è possibile effettuare l'aggiornamento alla nuova versione LTS direttamente dalla versione LTS precedente.

Ma "LINUX" cos'è?

Il kernel Linux, pronunciato «linuks», è il cuore del sistema operativo Ubuntu. Il kernel è una parte importante di ogni sistema operativo che permette la comunicazione tra l'hardware e il software.

Linux è stato creato nel 1991 da uno studente Finlandese di nome Linus Torvalds. In quel periodo funzionava solamente su architetture i386 ed era un clone indipendente del kernel UNIX, creato per usufruire della nuova architettura i386.

Al giorno d'oggi, grazie al contributo sostanziale di persone di tutto il mondo, Linux può essere eseguito su ogni computer moderno.

Il kernel Linux ha raggiunto una notevole importanza ideologica oltre che tecnologica. C'è una comunità di persone che crede negli ideali del software libero e spende il suo tempo nel rendere la tecnologia open source migliore ogni giorno.

Persone all'interno di questa comunità hanno dato vita a molte iniziative come Ubuntu, comitati per la promozione di standard per lo sviluppo di Internet, organizzazioni come la Mozilla Foundation grazie alla quale è stato creato Firefox, e vari altri progetti software di cui molti hanno beneficiato in passato.

Lo spirito dell'open source, comunemente attribuito a Linux, sta influenzando gli sviluppatori software e gli utenti nel guidare le comunità verso un fine comune.

Alcune cose da considerare

Ci sono alcuni aspetti che sarebbe opportuno valutare prima di procedere:

Ubuntu supporta tutto l'hardware del mio computer?

Ubuntu è adatto per l'uso che faccio del computer?
Posso usare solo Ubuntu o mi conviene conservare anche Windows?
Come posso trasferire i miei file e le mie impostazioni da Windows a Ubuntu?
Dove e come posso richiedere aiuto se ne avrò bisogno?

Pianificazione

Se volete provare Ubuntu ma non siete sicuri su come procedere per non incappare in facili errori, questa lista di passi da compiere potrebbe aiutarvi:
Verificare che esistano programmi adatti a svolgere le operazioni che si svolgono abitualmente su Windows.
Scaricare e avviare il CD Live di Ubuntu.

Verificare il supporto hardware per la stampante, lo scanner, il modem, la webcam e altri dispositivi.
Se decidete che Ubuntu è adatto alle vostre esigenze:
Fare una copia di sicurezza di tutti i dati (segnalibri, file, ecc) che si ritengono importanti su un DVD.
Testare il DVD per assicurarsi che la copia sia andata a buon fine.
Creare e stampare una lista di tutte le impostazioni per il collegamento a Internet, della posta, dell'account e delle password più usate.
Installare Ubuntu con il CD di installazione.

Provare Ubuntu

È possibile provare una versione dimostrativa di Ubuntu senza modificare niente del proprio computer. Basta ottenere il cd di Ubuntu, inserire il CD nel lettore e riavviare il computer (assicuratevi di avere impostato il lettore CD come primo dispositivo in cui cercare il sistema operativo). Al posto di Windows verrà caricata la **versione dimostrativa** (Live Version) di Ubuntu.

Cosa vorrà dire LIVE? ...

Dovete sapere che tutte le distribuzioni linux sono avviabili direttamente da cd/dvd o da chiavetta, questo significa che potete provarli, potete usare tutti i programmi che sono

preinstallati e potete verificare la compatibilità con tutte le vostre periferiche collegate...
la differenza con i sistemi windows sono evidenti, con un cd/dvd di windows potete solo reinstallare il sistema operativo formattando (cancellare) tutto quello che avete nel vostro pc... con una distribuzione linux avviata in LIVE potete liberamente fare qualsiasi cosa... scrivere testi, elaborare immagini, NAVIGARE SU INTERNET... in maniera sicura... usare una distribuzione linux in Live è la maniera più sicura per effettuare operazioni on-banking senza che nessuno possa mai rubarvi le password di accesso perchè non sarà possibile risalire al vostro ID e non vi sono accessi indesiderati...

Come avviare Ubuntu in modalità Live

istruzioni per Ubuntu 14.04 LTS ufficiale: (immagine n° 1)

Inserite il dvd nel lettore e avviate il pc dopo circa un paio di minuti, ma anche meno, comparirà una schermata di benvenuto dal titolo "Welcome". Voi, dalla barra laterale sinistra, impostata la lingua su "Italiano" e poi cliccate su "Prova Ubuntu". In questo modo, avvierete la modalità Live di Ubuntu.
Dopo qualche istante, finalmente vedrete il desktop, che sarà caratterizzato dalla presenza di due icone. Ci dovrebbe

essere una cartella "Examples" e un'icona chiamata "Installa Ubuntu 14.04".

Nella barra laterale in alto, invece, ci sono alcune voci: "Applications", "Places", "System" e l'icona di Mozilla Firefox per quanto riguarda la parte sinistra e sulla destra, invece, una busta, il giorno e la data, una nuvoletta stile fumetti e il simbolo per spegnere o riavviare il sistema.

In questo momento il sistema è in inglese, ma poi, nell'installazione definitiva, sarà completamente tradotto in italiano.

Potete fare tutto quello che volete. Anche navigare su internet tramite Firefox.

Se volete accedere ai documenti che sono presenti sull'hard disk nella partizione di Windows, è sufficiente che andiate in "Places", "Home Folder". Vedrete che nella finestra che apparirà, sulla barra laterale sinistra, sono presenti tutte le partizioni del vostro hard disk. Dopo averla individuata, cliccandoci sopra una volta con il tasto sinistro del mouse, accederete ai vostri file abituali.

Se volete darvi al divertimento, sono anche presenti alcuni giochi che potete trovare in "Applications", "Games". Alcuni sono simili a quelli di Windows, come ad esempio "Mines" o "AisleRiot Solitaire", altri, invece, sono totalmente diversi come ad esempio il Sudoku.

Come terminare la modalità Live di Ubuntu

Quando vi siete stancati di provare Ubuntu in modalità live, cliccate una volta con il tasto sinistro del mouse sull'ultima icona in alto a destra e poi cliccate su "Restart...". Potrebbe comparire una finestra che vi chide se siete sicuri di chiudere tutti i programmi e di voler riavviare. Voi, confermate e cliccate su "Restart".

Il cd uscirà da solo. Toglietelo e chiudete il lettore. Poi, premete il tasto "INVIO" da tastiera. Il computer, non rilevando nessun CD, caricherà come avviene si solito il sistema operativo Windows.

Istruzioni per la remix Monfy-Mate in LIVE (immagine n°
2)

avviate il pc con il dvd inserito nel lettore, dopo pochi
secondi vi comparirà la schermata di scelta...
premendo invio il vostro computer si avvierà in modalità
live... la versione di Monfy-Mate è già totalmente in italiano
anche in versione LIVE...
tutto il resto è identico alla versione ufficiale...
Provate un po' Ubuntu in questo modo per decidere se
volete installarlo o meno.

*A causa dei limiti fisiologici dei lettori CD, Ubuntu sembrerà molto meno
veloce rispetto a quanto non sia in realtà. Sentitevi liberi di esplorare: niente
sul vostro sistema verrà modificato.*

Differenze fra Ubuntu e Windows
Ubuntu e Windows sono assai differenti sotto molti aspetti.
È importante avere un quadro generale di entrambi per
capirne le differenze.
Con Ubuntu posso usare gli stessi programmi che uso con
Windows? Dipende.
Alcuni programmi (detti "multi-piattaforma") sono pensati
apposta per funzionare sia su Windows che su Ubuntu (e
anche altri sistemi operativi), come per esempio i browser
Firefox e Opera, la suite per ufficio Libre Office, il lettore
multimediale VideoLan Vlc, il programma di condivisione file
Amule e altri.

Di altri programmi esistono versioni separate per Windows e
per Ubuntu, come è il caso per Skype o Nero burning rom, e
in questi casi di solito la versione per Ubuntu ha meno
funzionalità della controparte per Windows.

Molti programmi sono invece pensati per funzionare bene
solo su Windows. È il caso per esempio di Microsoft Office,
Microsoft Live Messenger, Autodesk AutoCAD, Adobe
PhotoShop, molti giochi di ultima generazione e altri
programmi.
Per alcuni di questi programmi è possibile "forzare" il

funzionamento su Ubuntu ottenendo risultati ragionevolmente adeguati, ma in altri casi ciò non risulta possibile.

Una panoramica sui programmi di Ubuntu
Appena installato, Ubuntu offre già alcuni programmi di uso comune:
Firefox, browser web sicuro e semplice da usare, dispone di controllo ortografico, protezione contro il phishing e un controllo avanzato sulle pubblicità indesiderate.
Thunderbird: un client email completo, agenda personale e calendario.
Libreoffice, aprire, modificare e salvare i propri documenti di testo, fogli elettronici, presentazioni e database in tutti i formati più popolari, compresi Microsoft Office e i formati standard PDF e ODF.
Pidgin, programma di messaggistica Internet, per chiacchierare con tutti gli amici, sia che usino MSN, Yahoo, IRC, la chat di Google o numerosi altri protocolli.
VLC, un semplice e intuitivo riproduttore audio e video.
Rhythmbox, riproduttore musicale con una semplice gestione della propria discoteca.
Inoltre, ci sono migliaia di applicazioni disponibili per Ubuntu. Consultare la pagina AmministrazioneSistema/InstallareProgrammi per scoprire come installare nuovo software. Consultare anche le pagine sotto elencate per avere un quadro generale delle applicazioni più popolari:
 Giochi Applicazioni audio, video, grafiche Software per l'ufficio Sviluppo del software Elenco di molti programmi liberi e proprietari per tutti i sistemi operativi.
Gli amministratori di sistema possono trovare nella pagina Server diverse guide per la gestione dei diversi servizi.

Se non riuscite a trovare un'applicazione GNU/Linux alternativa al programma Windows che utilizzavate, è possibile tentare l'emulazione del programma stesso su Ubuntu. Per maggiori informazioni, consultare la pagina Wine. (http://wiki.ubuntu-it.org/Virtualizzazione/Wine)

Installare i programmi è troppo difficile:

Una falsa credenza è che nelle distribuzioni linux come Ubuntu/Mint/Monfy-Mate ecc sarebbe difficile installare i programmi. In realtà la maggior parte delle applicazioni valide e diffuse disponibili è raggruppata in un unico posto, e tutte le distribuzioni offrono un paio di comodi sistemi per entrare in questo posto e prendere le applicazioni che ci servono, **senza neanche doverci preoccupare** di dove piazzare il programma o accettare lunghissime e complicate licenze d'uso che in pochi hanno la pazienza di leggere per intero. Se a questo aggiungiamo che la maggior parte degli applicativi per Windows deve essere regolarmente acquistata in negozio, mentre per Linux è **gratuita** e installabile in un attimo, le conclusioni si traggono da sé.

Ma Monfy-Mate è Linux?

Sì, anche se la dicitura corretta è «Monfy-Mate è una distribuzione Remix GNU/Linux derivata da Ubuntu-Mate». Linux e GNU sono le due parti storicamente più importanti del sistema operativo, da cui il nome. Oltre a Ubuntu, esistono altri sistemi operativi che si basano su GNU/Linux, per esempio Red Hat, Suse, Mandriva, eccetera; ognuno di questi sistemi è una "distribuzione" GNU/Linux.

Supporto hardware:

Quando compriamo una periferica (stampante, scheda video, tastiera ecc.), siamo abituati a trovare incluso nella confezione anche un cd contenente dei driver da installare in Windows per poter utilizzare la periferica. In Ubuntu quasi tutti i driver sono già inclusi nel sistema, quindi non avrete bisogno di scaricarli e installarli (se non in rari casi).

Sicurezza:

Forse con Windows vi è capitato a volte di avere problemi "strani", e vi è stato detto che il vostro computer è stato infettato da un **virus**, un programma che si installa **contro la vostra volontà** e compie azioni che voi non avete richiesto, principalmente azioni ritenute **dannose per la privacy** propria e altrui.

In realtà qualunque sistema operativo può prendere un virus, ma la maggior parte dei *virus*, *adware*, *spyware* e *malware* generico ha come bersaglio specifico i sistemi Windows, mentre su Ubuntu/Mint e Monfy-Mate non ha alcun effetto. Ovviamente Ubuntu/Mint e Monfy-Mate non fanno certo affidamento su questo pur vantaggioso dato di fatto; la sicurezza in Ubuntu/Mint eMonfy-Mate (e nel mondo GNU/Linux) è un aspetto trattato con **estrema serietà e rigore**: il **firewall** è integrato in Ubuntu/Mint e Monfy-Mate e pronto ad essere configurato tramite interfaccia grafica o testuale

gli **aggiornamenti di sicurezza** vengono rilasciati con prontezza dal team di Ubuntu e sono automaticamente rilevati dal sistema

i programmi sono **liberamente analizzabili** fin nelle viscere da chiunque abbia le conoscenze per farlo, e questo garantisce che nessun programma compia azioni illecite (perchè verrebbe scoperto e bandito immediatamente) nel caso venga scoperto un problema di sicurezza in un programma, chiunque abbia le competenze necessarie può aiutare a risolvere il problema, rendendo **molto più veloce** il processo di risoluzione

Il sistema e la politica di **permessi e privilegi** di Monfy-Mate è efficace nell'impedire che vengano modificate parti importanti del sistema

l'antivirus non è attualmente ritenuto necessario su Ubuntu, Mint e Monfy-Mate e non viene fornito con il sistema, ma rimane comunque installabile da chi voglia farlo.

Permessi e privilegi:

La maggior parte delle mansioni amministrative sul sistema operativo, come l'aggiunta degli utenti o l'installazione di software, richiede i privilegi di accesso del **superutente** (amministratore, a volte chiamato **root**). Ciò è perché se anche gli utenti normali avessero i permessi di fare queste cose, si potrebbe compromettere, danneggiare intenzionalmente o casualmente il sistema. Il **superutente** è un utente speciale che ha accesso illimitato al sistema. Saprete quando i privilegi del *superuser* sono richiesti perché

Monfy-Mate chiederà la password dell'amministratore; per
un esempio selezionare **Sistema -> Amministrazione ->
Gestore pacchetti Synaptic** e inserire la password. Per
maggiori informazioni consultare la guida ai privilegi di
amministrazione.
(http://wiki.ubuntu-it.org/AmministrazioneSistema/Sudo)
In Ubuntu, ogni file è di proprietà di un determinato utente
(il quale ne risulta il *proprietario*) che di solito coincide con
l'utente che lo ha creato. Il proprietario di un file ha quindi il
permesso di leggere il file, può eseguirlo (nel caso sia un
programma), modificarlo o anche cancellarlo.
I permessi di accesso per un file sono divisi in tre tipi:
permessi per il proprietario del file,
permessi per i membri di un gruppo particolare,
permessi per tutti gli *altri* utenti.
Potete cambiare i permessi per un file cliccando con il tasto
destro del mouse su di esso selezionando **Proprietà** e
successivamente spostarsi nella scheda **Permessi**. Per
maggiori informazioni, consultare la pagina
PermessiFile.
(http://wiki.ubuntu-it.org/AmministrazioneSistema/
PermessiFile)

L'ambiente di lavoro: Il Desktop
A primo impatto Monfy-Mate si presenta con la classica
Scrivania (chiamata Desktop in Windows) vuota; ovviamente
potete riempirla di file, cartelle e icone di avvio per le
applicazioni, e inoltre ogni volta che inserirete un CD/DVD
nel lettore o collegherete al computer una chiavetta usb o un
disco esterno comparirà una icona corrispondente per
facilitarvi l'accesso a questi dispositivi di memoria.
Menu start:
Monfy-Mate presenta un menu simile al menu **Start** di
Windows, con la differenza che è diviso in 3 parti per fare
tutto con semplicità ed'è posto in alto alla scrivania, i tre
menù sono:
Applicazioni: contiene le applicazioni che potete usare,
divise per categorie
Risorse: per accedere a tutti i dispositivi di memoria
disponibili e alle cartelle più usate

Sistema: per personalizzare ogni aspetto del sistema (alcune operazioni richiedono la password di sicurezza)

Avvio veloce

Sul pannello superiore, accanto ai menù, sono presenti le icone di avvio di Screenshot (cattura schermnata), Terminale e di **Firefox** (programma per visitare i siti Internet). Ovviamente potete aggiungere le vostre applicazioni preferite, trascinandole sul pannello o cliccando con il tasto destro del mouse sull'applicazione da aggiungere selezionando "aggiungi al pannello".

Come accedere a CD/DVD, chiavette usb, disco fisso

In Windows si è abituati ad accedere ai propri file in Esplora Risorse sotto **C:**, ad esplorare il contenuto di un cd sotto **D:**, a leggere la chiavetta usb sotto **E:**, ecc (le lettere sono variabili a seconda della particolare organizzazione di questi dispositivi). Il tutto si trova sotto "Risorse del Computer". Monfy-Mate presenta in superficie una **struttura simile**, con i nomi dei dispositivi di memoria al posto delle lettere. Le diverse partizioni del disco fisso sono rappresentate sulla scrivania con delle icone, e così anche i CD e le chiavette usb, non appena vengono inseriti; inoltre ritroviamo le stesse icone sotto il menu **Risorse**.

Audio e video:

Monfy-Mate può agevolmente leggere tutti i file multimediali che usavate su Windows, tra cui:

DVD

WMA file audio

AAC file audio

WMV video per QuickTime

immagini RAW

Accedere ai file di Windows da Monfy-Mate

Con Monfy-Mate è possibile leggere e scrivere tutti i file salvati usando Windows, compresi i file di configurazione, di sistema e dei profili utente.

Il terminale:

Un terminale è solo un altro modo di usare il computer. Anziché fare clic su delle icone e usare il mouse, è possibile scrivere dei comandi specifici ottenendo gli stessi risultati. Il terminale è visto come un modo più "esperto" di usare il computer, certamente richiede un certo impegno e una certa esperienza per venire sfruttato al meglio e tende a essere usato sempre meno su Windows (dove viene chiamato **Prompt dei comandi**). Tuttavia, il terminale di Ubuntu è molto potente e può essere usato per svolgere molte operazioni utili.

Per avviarlo, scegliere **Applicazioni -> Strumenti di sistema -> Terminale di Mate**

Sebbene l'uso delle interfacce grafiche in GNU/Linux si sia fortemente evoluto negli ultimi anni ed ormai esistano procedure grafiche per fare quasi tutto, imparare a usare il terminale può rivelarsi molto utile anche per l'utente "medio": spesso infatti, le guide di aiuto presentano comandi da eseguire nel terminale, in modo da essere indipendenti dal tipo di sistema grafico che si sta utilizzando, velocizzare le operazioni e mantenere brevi e più comprensibili tali guide.

Maiuscole, minuscole e caratteri speciali

I nomi dei file e dei comandi in Ubuntu sono *case-sensitive*. Ciò significa che per Ubuntu la parola **Paolo** è differente dalla parola **paolo**, così come da **pAoLo**. Questa scelta, dovuta principalmente a motivi storici, si rivela molto utile in alcune circostanze. Fate pertanto attenzione a questo nuovo particolare!

Inoltre alcuni caratteri sono considerati **speciali** nei nomi dei file, come ad esempio le parentesi quadre o graffe o anche il semplice spazio **[ ] { }**. Mentre nella sezione grafica potrete utilizzarli normalmente, nel terminale occorrerà inserire prima del carattere speciale il carattere ****.

Trasferire file e impostazioni da Windows

Una volta che siete pronti per passare ad Ubuntu, potrebbe risultare utile copiare tutti i vostri file personali e le impostazioni dei principali programmi da Windows al nuovo Sistema Operativo. Ci sono diversi modi per farlo che dipendo dal modo in cui avete effettuato il *passaggio*.

Installare i caratteri di Windows:
Per maggiori informazioni, consultare la pagina
InstallareCaratteri.
(http://wiki.ubuntu-
it.org/AmbienteGrafico/InstallareCaratteri)

Monfy-Mate è una remix di Ubuntu-Mate, con delle
personalizzazioni e delle particolarità aggiuntive, ma
vediamo perché Ubuntu è differente da Windows:
Ubuntu nasce come progetto della comunità!
I programmatori ascoltano direttamente le richieste degli
utenti, voi stessi fate parte della comunità e dovrete quindi
far valere la vostra opinione. Quando cominciate a usare
Ubuntu potrete trovare su Internet l'aiuto di molti altri
utenti. Successivamente, potrete ritenere come meglio
contribuire alla crescita della comunità: aiutando altri utenti
nella chat di Ubuntu, pubblicando pagine wiki come questa,
segnalando bug o scrivendo software per Ubuntu e
GNU/Linux. Se qualcosa va male, un errore inatteso, un
comportamento bizzarro, segnalate un bug sul sito di
Launchpad. (https://launchpad.net/)

Informazioni aggiuntive
Scoprire le cose
Sicuramente in questa pagina non sono state elencate tutte
le differenze fra i due sistemi operativi. Ecco quindi alcuni
consigli su cosa fare quando non riuscite a capire qualcosa:
Usare il tasto destro del mouse: vi darà la possibilità di capire
bene molte opzioni.

Non esitare nel chiedere aiuto: Ubuntu ha un'ottima
comunità di supporto disponibile a tutti gli utenti, non
esitate a chiedere aiuto nel canale **IRC #ubuntu-it** o sul
forum. **Per maggiori informazioni consultare la pagina**
ComeRicevereAiuto. (http://wiki.ubuntu-it.org/)

La password è necessaria per modificare il sistema: fino
quando si modificano le opzioni delle applicazioni, non
potete nuocere al sistema, a meno che non vi sia stato
richiesto di inserire la password di **root**. Fate quindi molta

attenzione nell'usare il comando **sudo**, potreste modificare e danneggiare gravemente il sistema!

Questa parte di guida è rivolta agli utenti che desiderano installare il sistema operativo **Monfy-Mate** su un computer in cui è già presente Microsoft Windows, in una maniera tale che all'accensione del computer possano usare entrambi i sistemi operativi. Ogni singolo passo viene spiegato dettagliatamente, in modo che l'installazione risulti semplice anche per chi non ha particolari conoscenze tecniche.

Per l'installazione verrà usato il sistema **live**, il quale permette di provare le principali funzionalità di **Monfy-Mate** prima di decidere di installarlo effettivamente nel computer. È consigliabile effettuare un backup dei propri dati sensibili prima di cominciare la procedura d'installazione.

Guida Utente Ufficiale

Linux Monfy-Mate

Introduzione a Monfy-Mate

(Nota: tutte le immagini sono relative a vari desktop e possono subire differenze estetiche nella versione scaricata)

Monfy-Mate è un sistema operativo progettato per funzionare sui più moderni sistemi, inclusi PC con architettura x86 e x64.

Può essere immaginato con lo stesso ruolo di Microsoft Windows©, Apple Mac OS©, e il sistema operativo BSD OS©, è inoltre progettato per lavorare in combinazione con altri sistemi operativi (inclusi quelli elencati sopra), e può automaticamente impostare un ambiente "Dual boot" o "multi-boot" (in cui viene chiesto all'utente quale sistema operativo va avviato ad ogni sessione di boot della macchina) durante la sua installazione.

Monfy Mate è una derivata remix non ufficiale di ubuntu-Mate 14.04.1 ed'è un sistema operativo ideale per gli gli usi più comuni.

Storia

Monfy-Mate è un sistema operativo molto recente; il suo sviluppo è iniziato nel 2010. Tuttavia è basato su altri software molto maturi e collaudati, tra cui il kernel di Linux, gli strumenti GNU e il Desktop Enviroment MATE.
Si basa anche sui progetti Ubuntu e Debian e usa i loro sistemi come base.
Il progetto Monfy-mate si concentra sul rendere il desktop più fruibile e più efficiente per le attività quotidiane svolte da utenti comuni. Nel desktop il sistema operativo fornisce, inoltre, una vasta collezione di software disponibile e un insieme molto ben integrato di servizi.

Scopo

Lo scopo di Monfy-mate è di fornire un sistema operativo desktop che gli utenti domestici e le aziende possono utilizzare senza alcun costo e che sia il più possibile efficace, facile, ed elegante da usare.

Una delle ambizioni del progetto è di diventare una delle migliori remix disponibile, rendendo più facile per le persone utilizzare tecnologie avanzate, invece di semplificarle (riducendo in tal modo le loro capacità), o di copiare soluzioni adottate da altri sviluppatori.

L'obiettivo è di sviluppare la nostra idea di desktop ideale. Noi pensiamo che sia il meglio per ottenere il massimo dalle moderne tecnologie che esistono sotto Linux e rendere più facile per tutti di utilizzare le sue funzionalità più avanzate.

Dove trovare aiuto

La comunità Linux è molto disponibile e attiva. Se si hanno domande o problemi riguardanti Linux , si dovrebbe essere in grado di ottenere aiuto da altri utenti in linea.

Se si vuole chattare con altri utenti, è possibile connettersi alla chat room IRC. In Linux ubuntu basta semplicemente lanciare "Xchat" dal menu. Se si utilizza un altro sistema operativo o un altro client IRC ci si connetta al server "irc.spotchat.org" e si entri nei canali

Monfy-Mate usa i repository di Ubuntu-Mate (più avanti si dirà di più su ciò che questo significa) ed è pienamente compatibile con esso quindi la maggior parte delle risorse, articoli, tutorial e software creato per Ubuntu-Mate, funzionano anche per Monfy-Mate. Se non riesci a trovare aiuto su un argomento specifico, esegui una nuova ricerca sullo stesso tema per Ubuntu-Mate.

Nota: Un repository è un servizio online in cui il software è archiviato e reso disponibile per l'installazione e l'aggiornamento del sistema operativo. La maggior parte dei sistemi operativi basati su GNU/Linux usa dei repository e si connettono a questi attraverso HTTP o FTP per installare e aggiornare i loro software.

Installazione di Linux Monfy-Mate

È possibile scaricare il sistema operativo Monfy-Mate gratuitamente sotto forma di un file ISO che si deve masterizzare su un DVD vuoto. Il Live DVD diventa avviabile e fornisce un sistema operativo pienamente funzionante che si può provare senza modificare il PC. In parole povere, quando si masterizza Monfy-Mate su un DVD e si carica sul computer, è possibile provarlo lasciando intatto il sistema attuale.
Per scaricare una versione di Monfy-Mate basta andare su questo sito e troverete le versioni più recenti.
https://monfymate.wordpress.com/about-it/

Se non si ha una connessione a banda larga, o se l'accesso a Internet è troppo lento, è possibile richiedere il DVD dalla mia pagina facebook che ti verrà spedito direttamente a casa.
https://www.facebook.com/rotiliosalvatoreubuntero

Nota: E 'anche possibile scrivere l'immagine ISO su un supporto USB o altro dispositivo di memoria e avviare il sistema da questo, o fare il boot da l'immagine ISO sul disco rigido, ma questi metodi sono un po' più avanzati quindi il metodo presentato sopra resta quello raccomandato. Per gli altri metodi di installazione ed esecuzione di Monfy-Mate.

Se ti piace ciò che vedi quando si esegue il LiveDVD, si può decidere di installare il sistema sul disco rigido. Tutti gli strumenti necessari (di partizionamento e d'installazione) sono presenti sul DVD.

Si raccomanda di fare tutte le prove necessarie per il buon funzionamento, quindi provate l'audio, la cheda di rete, il wi-fi, tutte cose che normalmente funzionano immediatamente, ma in alcuni rari casi possono esserci dei problemi hardware che sarà comunque possibile risolvere successivamente installando aventuali driver proprietari (i driver proprietari sono dei pacchetti software che non hanno rilasciato il sorgente e quindi restano di proprietà del programmatore, anche se perfettamente funzionanti con Linux, non vengono rilasciati aggiornamenti se non dal diretto produttore)

Lette le note di rilascio, si potrebbe essere impazienti di giocare con le nuove funzionalità o provare Monfy-Mate, e quando il download è terminato con successo, si è pronti per masterizzare un DVD e avviare il sistema ...

Se il DVD è difettoso, potrebbero incontrarsi strani bug e si avrebbero un sacco di problemi nel trovare aiuto. I due motivi più comuni di difettosità per un DVD sono:

• Un problema di download che causi difetti nel file ISO
• Un errore durante il processo di masterizzazione che altera il contenuto della Live DVD masterizzata.

Masterizzare l'immagine ISO su DVD

Prendere un disco DVD-R vuoto (i DVD-RW dovrebbero funzionare bene, ma questo tipo di supporto è noto per avere problemi di compatibilità), e il pennarello preferito ed etichettare il DVD. Anche se l'etichettatura DVD sembra una cosa ovvia, si dovrebbe essere sicuri di farlo, perché si può facilmente finire con 20 dischi senza etichetta e non identificabili sulla scrivania.
Inserire il disco DVD-R vuoto nel masterizzatore e prepararsi a scrivere l'ISO.
Se si sta usando Linux con MATE fare clic destro sul file ISO e selezionare "Scrivi su disco".
Se si sta usando Windows si può usare un programma come InfraRecorder:
http://infrarecorder.sourceforge.net/?page_id=5

Nota: Ci si assicuri di masterizzare l'immagine ISO e non, semplicemente, di scrivere il file ISO sul disco. Un errore molto comune, soprattutto per chi usa Nero, è quello di scrivere il file ISO sul disco come file di dati. Il file ISO è l'immagine di un disco e non deve essere scritta come un file che appare sul disco, ma come un'immagine ISO che sarà decompressa e il cui contenuto sarà scritto sul disco. Dopo la masterizzazione del DVD non si dovrebbe vedere il file ISO all'interno del disco, ma piuttosto cartelle come "casper" o "isolinux". La maggior parte dei software di masterizzazione ha un'opzione speciale per questo.

Avviare il LiveDVD

Inserire il DVD nel lettore e riavviare il computer. Ora si dovrebbe vedere la seguente schermata con le opzioni di avvio:

Nota: se non si vede questa schermata e il PC si avvia come al solito, è probabilmente perché il BIOS non è impostato per l'avvio su DVD quindi procedere come descritto a seguire.

Riavviare il computer, premere il tasto F1, F2, Canc o Esc (o il tasto che permette di accedere alla configurazione del BIOS) e modificare le impostazioni del BIOS per dire al computer di avviarsi dal disco DVD.

Per sapere come accedere alle sue impostazioni ed entrare nel BIOS del PC all'avvio, non devi far altro che seguire qualche piccola indicazione che sto per darti.

Tutto quello che devi fare per entrare nel BIOS del PC all'avvio è riavviare il computer (o accenderlo, se è spento) e, appena compare la schermata di accensione del PC, premere ripetutamente il tasto per accedere al setup.

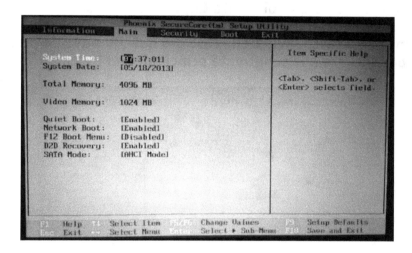

Di solito, il tasto per accedere al BIOS è F2, F10 o Canc, in ogni caso dovresti trovarlo indicato in uno degli angoli della schermata iniziale del computer con un messaggio del tipo press F2 to enter setup.

A questo punto, dovresti essere nel pannello con le impostazioni del BIOS: una schermata con fondo blu o grigio piena di scritte (incomprensibili se non si è esperti di informatica). Le diciture possono cambiare da computer a computer, ma in genere le impostazioni del BIOS si suddividono in queste sezioni: Generale (Main, in inglese), dove ci sono le impostazioni relative a data/orario e le informazioni generali sul PC; Sicurezza (Security), in cui si possono impostare delle password per l'accesso al BIOS e l'avvio del PC; Avanzato (Advanced o Boot), dove regolare le

impostazioni di scheda video, lingua, ordine d'avvio, ecc.;
Strumenti con altre impostazioni varie.

Per regolare il BIOS in modo da poter avviare il disco
d'installazione automaticamente all'accensione del
computer, devi recarti nella sezione Avanzato o Boot
(utilizzando i tasti direzionali della tastiera del PC),
evidenziare la voce Sequenza di avvio/Boot sequence e
premere il tasto Invio per cambiare l'ordine dei dispositivi
che il computer deve controllare per effettuare il boot (ossia
l'avvio). Imposta quindi l'unità CD/DVD ROM come prima
scelta, evidenziando la voce relativa a quest'ultima e
premendo il tasto Invio della tastiera del computer, e premi
Esc per tornare alla schermata principale del BIOS.

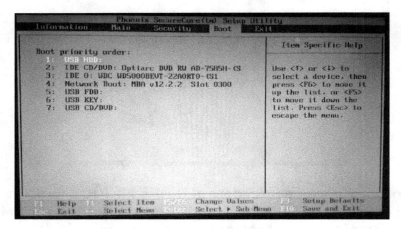

A modifiche effettuate, puoi uscire dal pannello e salvare le
impostazioni del BIOS premendo il tasto Esc della tastiera
del tuo computer. Evidenzia quindi la voce Sì/Yes nel
messaggio relativo al salvataggio delle impostazioni che
compare al centro dello schermo e premi Invio per uscire dal
BIOS e riavviare il computer.
Ora tutto dovrebbe essere tornato a posto e il disco
d'installazione si dovrebbe avviare automaticamente. In
ogni caso, puoi entrare nel BIOS del PC all'avvio in qualsiasi
momento seguendo le istruzioni appena viste insieme.
Introduzione al Desktop.

Questa sezione della guida si concentrerà sulle tecnologie e gli strumenti specifici di Monfy-Mate e fornirà informazioni su alcune delle applicazioni e tecnologie incluse di default nell'edizione MATE.

Il Desktop MATE

Il "desktop" (scrivania) è la parte del sistema operativo che è responsabile per gli elementi che appaiono sul desktop: il Pannello, lo sfondo, il Centro di Controllo, i menu, ecc ... L'edizione MATE usa il desktop "MATE" che è, al tempo stesso, intuitivo e potente.

Impostazioni desktop

"Impostazioni Desktop" è uno strumento sviluppato appositamente che consente di configurare rapidamente le funzioni del Desktop MATE che userete di più.

Avviare facendo clic su "sistema" , quindi seleziona "Preferenze" e clicca su "Impostazioni Desktop". Oppure semplicemente usando il tasto destro del mouse su uno spazio libero del desktop.

Conoscere il menu
Il menu principale

Nell'angolo in alto a sinistra del menu si può vedere il menù con tre pulsanti che consentono di accedere rapidamente alle sezioni più importanti del desktop MATE.

"Applicazioni" mostra tutte le applicazioni installate nel nostro sistema, questo menù è suddiviso in altri sottomenù: Accessori, Audio video, Giochi, Grafica, Internet, istruzione, strumenti di sistema, Ufficio.

"Risorse" mostra i volumi di archiviazione presenti nel computer. Se le partizioni sono già montate e "Impostazioni Desktop" è impostato per mostrare "Volumi Montati" sul desktop, allora probabilmente non userai spesso questo pulsante. Tuttavia, se scegli di non mostrare i volumi montati sul desktop, o se c'è bisogno di montare una partizione non montata di default, questo pulsante può rivelarsi molto utile. Al contrario, "Home" è, probabilmente, uno dei pulsanti del menu più utilizzato. Se già si è utilizzato MATE in passato, si è abituati a fare clic sull'icona "Home" sul desktop. Quando le finestre sono aperte e il desktop non è completamente visibile, il menu può essere utile, fornendo con un modo per accedere rapidamente alla "Home".

• La "Cartella Home" serve per avere un posto dove mettere tutti i documenti personali.
• La cartella "Scrivania" (Desktop) corrisponde a ciò che è visualizzato sul desktop, quindi ponendo un file qui, lo metterai anche sul desktop. Lo stesso effetto può essere ottenuto semplicemente trascinando il file sul desktop.

• La cartella "Rete" mostra semplicemente gli altri computer, i servizi condivisi, i domini e gruppi di lavoro presenti sulla rete.

• Il "Cestino" è la cartella dove finiscono i documenti cancellati.
Quando si clicca con il tasto destro su un file è possibile eseguire "Sposta nel cestino" o "Elimina". Se scegli quest'ultimo, il file sarà eliminato in modo permanente e, normalmente, non sarà possibile recuperarlo. Se si sceglie "Sposta nel cestino" sarà spostato nel "Cestino", che è accessibile dal menu.

Da lì è possibile trascinare e rilasciare il file da qualche altra parte se si desidera ripristinarlo, o eliminare definitivamente uno o più file selezionando "Svuota cestino" se si desidera eliminare definitivamente tutti i file dal Cestino.

Il menu "Sistema"
C'è una sezione chiamata "Sistema" . Questa sezione contiene dei pulsanti che permettono di accedere rapidamente a importanti funzioni del sistema

Il pulsante "Gestore Applicazioni" (Software Manager) lancia l'omonima applicazione di MM .

Questo programma è il metodo consigliato per installare il software . Parleremo di più di questa funzione più avanti, per ora, cerchiamo di esplorare le altre opzioni

Il pulsante "Gestore pacchetti" lancia l'omonima applicazione il cui scopo è di gestire i pacchetti installati nel computer e quelli disponibili nei repository.

Se questo per te non ha molto significato, non ti preoccupare, in seguito si parlerà, in modo più dettagliato, di come funzionano i pacchetti.

Il pulsante "Centro di controllo" avvia l'omonima applicazione MATE. Quest'applicazione consente di configurare ogni aspetto del desktop MATE e del computer in generale.

Spiegheremo ogni voce del "Centro di controllo" in un secondo momento.

Il pulsante "Terminale" apre l'omonima applicazione chiamata "Terminale", che permette di inserire i comandi direttamente da tastiera.
Se si è abituati a Microsoft Windows si potrebbe pensare che questo sia un oggetto superato, perché la riga di comando di Windows non è progredita molto dai tempi del "prompt di DOS" ed è nascosta nel menu accessori.
Una delle differenze tra i sistemi Linux e Windows è che il terminale è molto importante in Linux, perché è spesso usato per ottenere un controllo più diretto sul proprio computer.

Possiamo essere d'accordo che il terminale non è l'applicazione visivamente più accattivante inclusa in Ubuntu, Mint e Monfy-Mate ma è bene sapere che è uno strumento molto potente e che, una volta imparata, in realtà non è neanche difficile da usare.

In realtà, è bene comprendere che ogni comando, eseguito utilizzando un ambiente grafico desktop, passa attraverso il terminale. Quando si clicca un'icona sul menu, per esempio, si comunica a MATE di passare un'istruzione testuale al terminale. Come esercizio didattico, se si apre il "Menu principale" sezione "Preferenze", si naviga in uno dei menu delle applicazioni, se ne seleziona una e si clicca sul pulsante "Modifica proprietà", si vedrà nel campo "Comando" il comando testuale che è passato al sistema quando si clicca sulla pulsante dell'applicazione nel menu. In altre parole, si è già usato il terminale per qualche tempo, forse senza rendersene conto. La differenza è che, invece di digitare i comandi da solo, il desktop (MATE) l'ha fatto per l'utente (che è una buona cosa perché nessuno vuole ricordare centinaia di nomi delle applicazioni per tutto il tempo).

Alla fine, però, si presenterà probabilmente una situazione che obbligherà l'utente a usare direttamente il terminale, sia per accedere ai comandi non disponibili attraverso qualsiasi interfaccia grafica, sia per avere un lavoro fatto in modo più efficiente. Sì, avete letto bene! Per alcuni compiti può essere più efficiente digitare un singolo comando piuttosto che aprire molte di finestre per ottenere la stessa cosa.

E più si userà, più s'imparerà ad apprezzarlo. Ricordate come certe cose da bambini erano sgradevoli, e ora non si potrebbe farne a meno? Terminale è una di queste. In poche settimane, sarete completamente dipendenti da esso. S'inizierà a sentire il controllo completo del computer. Ci saranno momenti in cui non sarà nemmeno necessario il terminale, ma sarà usato lo stesso, perché, per alcune operazioni, è più veloce, più preciso, più versatile e più semplice di molte interfacce grafiche. E in più chi guarda, penserà a un vero esperto.

Il pulsante "Disconnetti utente" (Logout) apre una finestra di dialogo che permette di uscire dalla sessione o di cambiare utente.

Il pulsante Spegni (Quit) apre una finestra di dialogo che consente di scegliere tra queste possibilità:

- "Sospendi" salva la sessione nella RAM e il computer si mette in modalità riposo (sleep) finché non premi un tasto
- "Iberna" (Hibernate) salva la sessione sul disco rigido e il computer si spegne.
- "Riavvia" (Restart) riavvia il computer.
- "Arresta" (Shut Down) spegne il computer.

Nota: E 'anche possibile bloccare lo schermo premendo CTRL + ALT + L.

Il DVD è compresso e contiene in realtà circa 3 GB di dati. Le applicazioni incluse per impostazione predefinita quando s'installa sono parte della "Selezione del software di default".

Poiché uno degli scopi di Monfy-mate è di essere facile da usare e pronto all'uso, una dotazione di software fin dall'inizio è inclusa per permetterti di svolgere tutte le operazioni più comuni.

Nella sezione sulla destra del menu, è possibile visualizzare tutte le applicazioni installate organizzate per categorie e installate.

Le ultime due categorie, "Preferenze" (Preferences) e "Amministrazione" (Administration), contengono gli strumenti e le applicazioni utili per configurare e amministrare
Monfy-Mate . Ci si soffermerà su queste applicazioni più avanti, perché sono presenti anche nel "Centro di controllo" (Control Center).

Le categorie centrali contengono la maggior parte delle applicazioni di uso quotidiano.
Installando del nuovo software, potrebbero apparire altre categorie.
Il campo "Cerca"
Se non si riesce a ricordare come trovare una determinata applicazione all'interno del menu, o se si desidera ottenere

un accesso più rapido a essa, è possibile utilizzare la funzione "Cerca". Basta cliccare su "Menu" nell'angolo in basso a sinistra dello schermo e iniziare a digitare il nome o la descrizione dell'applicazione cercata.
Digitando solo le applicazioni corrispondenti alla ricerca rimarranno visibili all'interno del menu.

Se la ricerca non produce risultati, il menù fornirà "suggerimenti" relativi alla parola "chiave" digitata. Per esempio, se si digita "opera" e se il navigatore web Opera non è installato sul sistema, il menu mostrerà un pulsante per installarlo, o per cercare il portale software o nei repository.

Alcune applicazioni sono usate più di altre, così si potrebbe volere accedere più rapidamente alle applicazioni più utilizzate.
Il menu consente di definire applicazioni "preferite" e tenerle in un menu speciale per averle più a portata di mano.

Cliccare sul pulsante destro su un'applicazione a scelta e selezionare "Mostra nei miei preferiti". È anche possibile trascinare un'applicazione sul pulsante "Preferiti" (Favorites), che si trova in alto a destra del menu.

Cliccando sul pulsante "Preferiti" nell'angolo in alto a destra del menu, ora dovresti vedere le applicazioni preferite (clic di nuovo sul pulsante per tornare alla lista completa delle applicazioni).
Quando la sezione "Preferiti" del menu è attiva, è possibile riorganizzare le applicazioni preferite. Il trascinamento consente di cambiare il loro ordine, mentre il menu del tasto destro permette di inserire spazi e separatori, o di rimuovere elementi (inclusi gli spazi e separatori) dal menu.

Creare le scorciatoie

Se non piace l'idea di avere applicazioni "Preferite", si può semplicemente utilizzare il pannello o il desktop per ottenere risultati simili, (vale a dire, avere un rapido accesso alle applicazioni). È sufficiente trascinare e rilasciare l'applicazione desiderata dal menu al pannello o al desktop.

Eseguire automaticamente un'applicazione al login

È possibile cliccare con il tasto destro su qualsiasi applicazione nel menu e seleziona "Esegui al login". L'applicazione sarà avviata automaticamente a ogni accesso. Questo può essere disabilitato eseguendo di nuovo la stessa procedura.
Modificare l'aspetto del menu

È possibile personalizzare il menu in molti modi. Cliccare con il pulsante destro su "Menu" e selezionare "Preferenze".

Appare lo strumento di configurazione per il menu. Qui è possibile modificare quasi ogni aspetto del menu di Linux Mint. La maggior parte delle impostazioni ha effetto immediato, ma alcune richiedono che il riavvo (questo può essere fatto cliccando col tasto destro sul pulsante del menu e selezionando " Ricarica plug-in").

Attivare il plug-in "Documenti recenti"

Il menu è dotato di un plug-in che non è attivato di default (soprattutto perché rende un menu più grande). Questo plug-in mostra i 10 documenti aperti più di recente.
Per attivare questo plug-in, aprire il menu delle preferenze e selezionare "Mostra documenti recenti".
Poi fare clic destro su una parte vuota del Pannello e scegliere "Aggiungi al pannello".

Gestione dei pacchetti in Monfy-Mate

Installando Linux per la prima volta, si potrebbe non avere familiarità con il concetto di software organizzato in "pacchetti" che, diventato familiare all'utente in breve tempo, si farà apprezzare per i vantaggi offerti in termini di sicurezza, controllo e facilità d'uso.

Si è cercato di fare in modo che tutto o la maggior parte dell'hardware sia rilevato e che i driver s'installino automaticamente in modo che il computer possa funzionare da subito. Abbiamo anche cercato di fare in modo che si possano eseguire molti compiti senza dover cercare in giro software di terze parti sui siti web. Si sarà notato che l'installazione di linux Monfy Mate ha già una suite completa per ufficio di qualità professionale, una soluzione per la elaborazione d'immagini, un client IM (messaggistica istantanea) e un IRC, un masterizzatore di dischi, e diversi riproduttori multimediali (come molti altri accessori di base).

Attenzione! Non si è rubato nulla! Questo è tutto software libero!
E la cosa veramente grandiosa della gestione a pacchetti in Monfy-Mate è che non si dovrebbe mai aver bisogno di guardare in lungo e in largo per software extra, anche quando arriva il momento in cui si vuole più funzionalità dal sistema .

Questa sezione ha lo scopo di spiegare come questo funziona e i vantaggi che può portare. E' un po' lunga, ma si spera che fornirà una buona comprensione della filosofia di gestione a pacchetti e il motivo per cui è considerata una Buona Cosa (una frase citata in maiuscolo dagli utenti Linux a significare che è qualcosa che si trova certamente nella categoria del Bene). Se non c'è tempo, è possibile passare alla sezione successiva, che dirà come utilizzare effettivamente il sistema a pacchetti.

Gestione Software eseguibili scaricati da internet per Windows©:

I problemi con i software presenti in rete da scaricare e installare sono diversi:

• E 'difficile, se non impossibile, sapere se il software è stato testato per funzionare con il sistema operativo

• E 'difficile, se non impossibile, sapere come questo software possa interagire con quelli già installati nel sistema

• E 'difficile o impossibile sapere in anticipo se il software, sviluppato da uno sconosciuto, non causerà alcun danno, voluti o accidentali, al sistema, e anche conoscendo il software specifico e il suo sviluppatore, non è possibile essere del tutto sicuri che si stia scaricando un file eseguibile che è stato alterato, da parte di un malintenzionato, rendendolo un malware.

Inoltre, un problema con il download e l'installazione di programmi provenienti da diversi sviluppatori, è che non esiste alcuna interfaccia di gestione. Prima di definirlo un "grande affare", si rifletta su come saranno aggiornati tutti questi pezzi diversi di software. Se ci si è stancato di un programma e si desidera rimuoverlo, come si fa a sapere come procedere? Il programma in questione potrebbe non essere provvisto di un'opzione di disinstallazione, e anche se l'avesse, la maggior parte delle volte la rimozione del software non avviene in modo pulito e completo. In realtà, quando si esegue un programma d'installazione, si da una parte del controllo del computer a un programma scritto interamente da un perfetto sconosciuto.

Infine, il software che è distribuito in questo modo è spesso, per necessità, "statico". Ciò significa che non solo è necessario scaricare il programma, ma anche tutte le librerie necessarie al suo funzionamento. Poiché uno sviluppatore di software di terze parti non è in grado di sapere quali librerie possa già avere a disposizione il sistema, l'unico modo in cui può garantire che sarà eseguito nel sistema è di fornire tutte le librerie di cui c'è bisogno con il programma stesso. Questo significa download più pesanti e, quando arriva il momento di aggiornare una data libreria, deve essere fatto separatamente per tutti i programmi che la usano, invece di una sola volta. In sintesi, la distribuzione di software statici provoca un'inutile replicazione di gran parte del lavoro.

Gestione a pacchetti in Linux Monfy-Mate, e nei sistemi operativi GNU / Linux in generale:
E' stata introdotta da tanto tempo ed è il metodo preferito per la gestione del software perché evita tutti questi problemi. Il nostro software è installato in modo sicuro e automaticamente fin dai primi anni 90.

Il software è inizialmente scritto da uno sviluppatore e, come ci si potrebbe aspettare, questo capo della catena di produzione è conosciuto come "Upstream", a monte. Come utente di una distribuzione Linux, si è all'altro capo nel "Downstream", a valle - sempre che non sia previsto un amministratore, perché, in questo caso, all'altro capo ci sono gli utenti, ma questo un amministratore lo sa già).
Una volta che lo sviluppatore è soddisfatto del programma o di un suo aggiornamento, rilascerà il suo codice sorgente. Indica inoltre nella documentazione quali librerie, o altri programmi, ha usato compilando il suo. Seguono questa procedura da un bel po' di tempo e rispettano metodi standardizzati. Si noti che, con poche eccezioni (di solito i produttori di hardware che rilasciano driver per Linux, come nVidia o ATI, e alcune importanti aziende di cui ci si può fidare, come Adobe,) gli sviluppatori rilasciano il codice sorgente del programma o, vale a dire, la lista delle istruzioni di quel programma in una forma leggibile.

Questo comporta una serie d' implicazioni ma soprattutto, per questa discussione, vuol dire che il loro software può essere riveduto da chiunque abbia una connessione Internet. È terribilmente difficile infilare spyware in un programma quando stai lasciando vedere a tutti quello che si è scritto!

Il software ora procede verso i manutentori di pacchetti, che possono essere sia volontari sia dipendenti pagati che lavorano per una distribuzione Linux. È loro responsabilità compilare il codice sorgente per il software, testarlo sulla distribuzione per assicurarsi che funzioni, risolvere tutti i problemi che incontrano e, infine, compilare il software (vale a dire, renderlo leggibile dal computer), in un pacchetto di formato adatto.

Questo pacchetto contiene i programmi eseguibili, i file di configurazione e le istruzioni, di cui il software di gestione a pacchetti ha bisogno, per installarlo correttamente. Si noti che, di norma, non contiene librerie statiche poiché non necessarie – esse sono fornite da altri pacchetti, e perciò sono conosciute come librerie condivise. Il software di gestione dei pacchetti sa se un particolare pacchetto ne richiede un altro da installare per primo (come una libreria condivisa), perché, come ricorderai, le librerie e i relativi pacchetti, necessari per il funzionamento del software, sono stati dichiarati all'origine con le informazioni incluse nel pacchetto. Le istruzioni sono così dettagliate che anche versioni specifiche di altri pacchetti possono essere obbligate a garantire l'interoperabilità. Il pacchetto finito è poi caricato su uno speciale server chiamato Software Repository.

Solo da quella posizione si è in grado di scaricare e installare il software di cui si ha bisogno. La posizione è fidata, perché è firmata con un certificato che il gestore di pacchetti verificherà. Ogni singolo pacchetto installato è sicuro, perché è, a sua volta, firmato da una chiave GPG che anche il gestore di pacchetti controlla. Il gestore di pacchetti esegue una somma MD5 su ogni pacchetto per assicurarsi che tutto è andato bene quando è stato scaricato, proprio come abbiamo fatto prima con il LiveDVD iso. Il gestore dei pacchetti ha scaricato i pacchetti che selezionati, seguendo alla lettera (i computer sono meticolosi nell'eseguire le istruzioni) le istruzioni contenute nel pacchetto per installare perfettamente il software e tutte le sue dipendenze nel giusto ordine. Non c'è spazio per l'errore umano - se il pacchetto ha funzionato sul computer del manutentore, altrettanto avverrà sul tuo poiché il gestore dei pacchetti segue la stessa procedura.

Quando arriva il momento di verificare la presenza di aggiornamenti software, il gestore di pacchetti automaticamente confronta la versione del software nel computer locale con quella disponibile nei repository, e fa tutto il lavoro necessario per mantenere il sistema fluido e sicuro, quindi, se la versione 2.4 di BestSoft è caricata nel repository, e si ha la versione 2.3, il gestore di pacchetti confronterà i numeri di versione, proporrà di installare l'ultima, avendo cura, naturalmente, di tutte le dipendenze per la versione più recente del software.

Gli esseri umani sbagliano, laddove i computer invece no e di volta in volta, qualcosa può andare storto in questo processo. Forse, per caso, si può installare driver per un tipo sbagliato di hardware e questo può portare a dei malfunzionamenti. Tutti l'hanno fatto. O forse c'è un bug o il pacchetto in esame è stato rimosso dallo sviluppatore del programma per qualche motivo. Questi problemi dimostrano, paradossalmente, la forza e la sicurezza della gestione a pacchetti. Perché il gestore di pacchetti tiene ossessivamente traccia di tutto quello che fa, sempre, è in grado di annullare le installazioni, in modo pulito e completo. Fa in modo che la rimozione di un pacchetto non ne danneggi altri, e può anche, in particolare, non aggiornare automaticamente certi pacchetti, perché all'utente vanno bene così come sono, o retrocederli ad una versione precedente. Infine, l'intero processo è molto soggetto a verifiche da parte di altri utenti, perché tutti loro utilizzano gli stessi repository per ottenere il loro software e, se qualcosa va storto, si può essere assolutamente sicuri che ci sarà una grande confusione da quelle parti, e che il problema sarà risolto presto! In questo modo, la distribuzione del software in GNU / Linux è molto basata sulla fiducia, dal momento in cui lo sviluppatore originale mostra il suo codice sorgente agli occhi di tutti, perché sia discusso apertamente sul sito della distribuzione. Si può essere fiduciosi del software che si ottiene, non solo per i protocolli di sicurezza già menzionati, ma perché se qualcosa va male, tutti ne parleranno!

Si guardi di nuovo la lista dei problemi e vediamo ciò che è stato risolto:

• E 'difficile o impossibile sapere se il software è stato testato per funzionare con il sistema operativo attuale
  ○ Il software a disposizione attraverso i repository è stato testato dal manutentore del pacchetto e dal team di collaudatori per funzionare con il sistema operativo attuale. Essi, già in linea di principio, non vogliono sbagliare anche perché, se succede, riceveranno presto un sacco di messaggi.
• E 'difficile, se non impossibile, sapere come questo software possa interagire con quello installato nel sistema
  ○ Allo stesso modo, i gestori dei pacchetti tentano tutto il possibile per garantire che i pacchetti non siano in conflitto con altri pacchetti offerti dalla loro distribuzione. Naturalmente, potrebbero non avere tutti gli ultimi pacchetti installati sulle loro macchine di prova (in realtà, di solito i manutentori dei pacchetti costruiscono i nuovi su installazioni pulite per garantire che esse siano standard), ma se un membro della comunità di utenti scopre che c'è un problema, senza dubbio si adopererà affinché il gruppo di distribuzione lo noti, e il problema sarà risolto, o almeno gestito. Salvo che non sia un beta tester, è molto improbabile che si vedrà mai un tale conflitto, perché il beta testing esiste per evitarlo.
•È difficile o impossibile sapere con certezza se il software di uno sviluppatore non causi, intenzionalmente o per negligenza, alcun danno al sistema.
  ○E' poco probabile che i manutentori del software confezionino pacchetti che danneggino i computer delle persone (incluso il proprio)! Solo software conosciuto e di fiducia sarà posto nei repository.

Anche se conosci un software specifico e il suo sviluppatore, non si può essere del tutto sicuro che non si sta scaricando un file eseguibile che è stato scambiato, da parte di un

malintenzionato, con un certo tipo di malware.
  ◦ Oltre alle consuete misure di sicurezza messe in atto da parte delle istituzioni che possiedono i server (di solito prestigiose istituzioni accademiche o di ricerca, o grandi compagnie), repository e pacchetti sono garantiti da certificati e dalle chiavi GPG. Se qualcosa dovesse andare storto, sarà proprio il gestore dei pacchetti ad avvisare l'utente. L'autore, in dieci anni di utilizzo di Linux, non ha mai sperimentato qualcosa che sia andato storto in questo senso.

• È difficile rimuovere (tutte le tracce di) programmi installati
  ◦ Poiché il gestore dei pacchetti tiene traccia completa di tutte le sue azioni, è perfettamente in grado di annullare tutte le operazioni svolte in passato, facendo in modo che la rimozione di un pacchetto non causerà il malfunzionamento di ogni altro pacchetto.

• I pacchetti statici sono grandi e goffi.
  ◦ Utilizzando il gestore dei pacchetti, le librerie statiche saranno scaricate solamente quando non c'è un'alternativa condivisa. Se c'è bisogno di nuove librerie condivise per installare un determinato programma, il gestore di pacchetti lo sa e le installa automaticamente. Una libreria condivisa sarà scaricata una volta sola perché, beh, è condivisa da tutti i programmi che ne hanno bisogno.

Se si finisce per rimuovere l'ultimo pacchetto che ha bisogno di una libreria condivisa, il software di gestione dei pacchetti rimuove anche questa, ma se si decide di mantenere l'oggetto condiviso in ogni caso, forse ce ne sarà bisogno più tardi, allora si può dire al software di gestione pacchetti di fare anche quello.

• L'utente è ancora convinto
  ◦ Bene! Si può mandare un messaggio nel forum su quest'argomento, se si è sinceramente preoccupati circa la gestione dei pacchetti, o per conoscere le esperienze di altre persone. Vale la pena ripetere che il metodo di distribuzione in pacchetti per GNU / Linux si basa sulla fiducia quindi, se c'è un problema, vogliamo che se ne parli!

Un'ultima parola. Potrebbe girare la voce che Linux non sia ancora completo, o che, se si usa Linux, allora si è un beta-tester, o che il software Linux è instabile. Queste sono tutte mezze verità. "Linux" non sarà mai "completo", non più di quanto lo sia qualsiasi altro importante sistema operativo. Dal kernel di Linux allo sfondo sullo schermo, tutti gli elementi del sistema operativo saranno sempre in un qualche tipo di sviluppo. Questo perché i programmatori stanno lavorando duramente per tenere il sistema aggiornato con gli ultimi sviluppi nel campo della programmazione e della tecnologia. Questo non significa che il software disponibile per l'utilizzo sia di cattiva qualità. Il sistema alla base di Linux Monfy-Mate è in fase di sviluppo da circa quattro anni, ed è molto maturo, stabile e collaudato. Mentre ci sono versioni certamente instabili nella maggior parte del software del sistema operativo, queste non sono usate dal normale utente perché non è un beta tester. Un utente non è un beta tester se sta leggendo questo testo. Il software a disposizione nei repository utilizzati sarà sempre stabile e ben testato, salvo che non si scelga di usare i repository usati dai tester (nel qual caso, congratulazioni: se si vuole diventare un tester, lo si diventa).

Così, per riassumere con un esempio, quando s'installa Opera, Real Player o Google Earth in Linux Monfy-Mate, queste applicazioni non vengono dai loro sviluppatori originali (Opera, Real e Google). Naturalmente l'applicazione Upstream viene da questi sviluppatori, ma solo dopo che esse sono state adeguatamente pacchettizzate e collaudate, diventano disponibili per gli utenti.
Così, in altre parole, non si dovrebbe mai aver bisogno di andare a navigare in Internet per cercare il software, perché tutto il necessario è disponibile e già collaudato per l'utente e per il sistema da parte dei gruppi di Ubuntu. Tutto quello che si deve fare, è decidere quello che si vuole.

Monfy-Mate si aggiornerà automaticamente attraverso uno strumento chiamato gestore aggiornamenti, che aggiornerà non solo il sistema operativo di base, ma tutto il software installato sul computer, allo stesso modo.

Alcune delle applicazioni più popolari, che non sono installate in maniera predefinita sono Opera, Skype, Acrobat Reader, Google Earth e Real Player.

Il Gestore software

Il modo più semplice per installare il software è di utilizzare il "Gestore pacchetti" (o ubuntu Software Center). E' strutturato sulla tecnologia dei pacchetti di cui abbiamo discusso in precedenza, ma rende le cose più facili da capire, perché permette di installare programmi piuttosto che pacchetti (anche se, lo ricordiamo, ancora si utilizza il sistema dei pacchetti in background, in modo che si hanno ancora gli stessi benefici).

Aprire il menu Sistema e selezionare "Gestore pacchetti".

Il "Gestore pacchetti" consente di sfogliare il software reso disponibile per ubuntu e disponibile anche per Monfy-Mate. È possibile navigare per categorie, ricercare per parola chiave o ordinare il software per voto e popolarità.

Il menu
Se si sa cosa si sta cercando, non c'è bisogno di lanciare niente. Basta iniziare a digitare il nome dell'applicazione nel menu e installarla da lì.

Per esempio, per installare il pacchetto "gftp":
• Premere CTRL + Super_L per aprire il menu
• Digitare "gftp"
• Premere la freccia "Su" per evidenziare il pulsante "Installa gftp"
• Premere Invio
Si era già detto quanto fosse grande la gestione a pacchetti?

Synaptic & APT-GET

Se si desidera installare più di un'applicazione, o se si è alla ricerca di qualcosa che non è nel "Software Portal" o nel

"Gestione software", Monfy-Mate ha altri due modi di installare il software. Uno è uno strumento grafico chiamato "Synaptic" e l'altro è uno strumento a riga di comando chiamato "APT-GET".

Vediamo come si può installare Opera (in alternativa al browser Web Firefox) con questi strumenti:

Aprire il menu e selezionare "Gestore pacchetti".

Fare clic sul pulsante "Cerca" e digitare "opera". Poi passare attraverso la lista dei pacchetti e trovare quello che corrisponde al web browser Opera. Barrare la casella e scegliere "Marca per l'installazione ", quindi fare clic sul pulsante "Applica ".

Ora vediamo come si sarebbe potuto installare Opera tramite APT-GET , strumento da riga di comando.

Aprire il menu e selezionare "Terminale" (Applicazioni/strumenti di sistema/terminale di Mate) . Poi digitare il seguente comando:

sudo apt-get install opera

Come si può vedere, APT -GET è molto facile da usare, ma non ha un'interfaccia grafica. Va tutto bene. Se si è alle prime armi con Linux, probabilmente si preferisce usare un'interfaccia grafica (questo è il motivo per cui sono lì) ma, col passare del tempo, si preferiscono strumenti veloci ed efficienti e, come si può vedere, il modo più veloce per installare Opera è di digitare "sudo apt-get install opera". Non può essere più semplice di così.

Nota: dopo aver digitato il comando vi verrà chiesta la password di sistema che sarà quelle che avete impostato durante l'installazione, digitatela correttamente anche se vi sembrerà che non venga scritta nel terminale e premete invio...

C'è una differenza importante tra il Gestore software e Synaptic / APT. Con Synaptic e APT tipicamente si lavora con i pacchetti. Nel nostro esempio l'applicazione Opera era molto semplice ed era costituita da un solo pacchetto il cui nome è "opera", ma questo non è sempre vero e, a volte, si potrebbe non sapere quale sia il nome del pacchetto. A volte potresti anche non avere accesso ai pacchetti per una particolare applicazione.

Il "Gestore software" è diverso perché ti permette di installare "applicazioni" ottenendo i "pacchetti" giusti per te, non solo dai repository (database dei pacchetti) ai quali Synaptic e APT hanno accesso, ma anche da altri siti su Internet.

Così si potrebbe utilizzare il "Gestore software" per due motivi diversi:
- Perché non usi APT / Synaptic
- Perché può installare applicazioni alle quali non si ha accesso con altri strumenti.

Rimuovere le applicazioni Dal Menu

La rimozione di un'applicazione è abbastanza facile in Linux Monfy-Mate. È sufficiente selezionare l'applicazione nel menu, fare clic destro su di esso e selezionare "Disinstalla". Il menu trova i pacchetti e le dipendenze riguardanti l'applicazione selezionata.

Fare clic su "Rimuovi" e l'applicazione sarà disinstallata.

Usando il terminale

Un altro modo per rimuovere le applicazioni è di utilizzare APT. Anche in questo caso, stiamo parlando di strumenti a riga di comando qui, ma si veda come questo sia sorprendentemente facile:

Aprire il menu e selezionare "Terminale di Mate". Poi digitare il seguente comando:

```
sudo apt-get remove opera
```

Nota: il comando sudo vi richiederà la password di amministratore, digitatela anche se vi sembrerà che il terminale non scriva ma verrà riconosciuta.

E questo è tutto. Con un singolo comando, Opera è stato rimosso dal computer.

È inoltre possibile utilizzare Synaptic per rimuovere pacchetti ... Linux è libertà di scelta, quindi vediamo come eseguire questa operazione.

Aprire il menu e selezionare "Gestore pacchetti".

Fare clic sul pulsante "Cerca" e seleziona "opera". Poi si passi attraverso la lista dei pacchetti trovando quello che corrisponde al web browser Opera. Si barri la casella selezionando "Marca per la rimozione", quindi fare clic sul pulsante "Applica".

Aggiornare il sistema e le applicazioni

Se è disponibile una nuova versione di un pacchetto installato sul proprio computer, si può aggiornarlo. Può essere un aggiornamento di sicurezza per qualche elemento del sistema operativo, può essere un'ottimizzazione di una libreria specifica o può anche essere una nuova versione di Firefox. In sostanza, il sistema è costituito da pacchetti, e ogni parte di esso può essere aggiornato in ognuno di questi pacchetti. Ovvero, sostituendo il pacchetto esistente con una versione più recente.

Ci sono molti modi per fare questo, ma solo uno di loro è raccomandato.
Si potrebbe usare APT per aggiornare tutti i pacchetti con un semplice comando ("sudo apt-get upgrade "), ma si consiglia vivamente di non farlo. La ragione è che tali strumenti non fanno alcuna distinzione nel selezionare gli aggiornamenti da applicare, presupponendo che siano tutti richiesti.

Alcune parti del sistema sono sicure da aggiornare ma altre no. Per esempio, aggiornando il kernel (la parte che si occupa, tra le altre cose, del riconoscimento hardware) si potrebbe compromettere il funzionamento dell'audio, della scheda wireless o anche di alcune applicazioni (come

VMWare e VirtualBox) che sono strettamente legati al kernel.

Utilizzo del Gestore aggiornamenti

Monfy-Mate è fornito con uno strumento chiamato Gestore aggiornamenti. Esso fornisce maggiori informazioni sugli aggiornamenti e consente di definire il livello di sicurezza che un aggiornamento deve avere prima di applicarlo.

Puntando il mouse su di esso, mostrerà o che il sistema è aggiornato o, se non lo è, quanti aggiornamenti sono disponibili.

Cliccando sull'icona, il Gestore aggiornamenti si apre e mostra quelli disponibili. L'interfaccia è molto facile da usare. Per ogni pacchetto in aggiornamento è possibile leggere la descrizione, il registro dei cambiamenti (dove gli sviluppatori elencano le modifiche dei pacchetti) e, infine, se ha raccomandazioni o altre informazioni sugli aggiornamenti. È anche possibile vedere quale versione è ora installata nel computer e quale versione è disponibile per l'aggiornamento. Infine, è possibile vedere il livello di stabilità assegnato al pacchetto di aggiornamento. Ogni aggiornamento porta miglioramenti o correzioni di problemi di sicurezza, ma questo non vuol dire che sia esente da rischi e non possa introdurre nuovi problemi. Un livello di stabilità è assegnato a ciascun pacchetto e dà un'indicazione di quanto sia sicuro applicare un aggiornamento.

Il gestore aggiornamenti conta solo quelli definiti "sicuri". Così, quando dice "il sistema è aggiornato", significa che non ci sono aggiornamenti disponibili di livello definito come "sicuro".

Il Gestore aggiornamenti mostra nell'elenco solo quelli "visibili".

Trucchi e consigli

Le possibilità del desktop sono sfruttate al meglio? Di solito si preme "CTRL + C" sulla tastiera per copiare del testo? Si usa un editor di testo anche per scrivere una breve nota? Come si fa a condividere file con gli amici? Ci sono molti modi per eseguire compiti semplici, alcuni più efficienti di altri. In questo capitolo saranno mostrate alcune particolarità di Monfy MATE, il desktop per essere sicuri di ottenere il massimo dal sistema.

Copia e incolla con il mouse

La maggior parte delle persone sono abituate a fare clic sul menu "Modifica" o a cliccare con il tasto destro sul testo che si desidera copiare. In Monfy-Mate si può fare anche questo, ma la maggior parte dei sistemi operativi GNU / Linux permettono anche di copiare e incollare comodamente con il mouse. Ecco come funziona: Il tasto sinistro del mouse copia e il pulsante centrale incolla. È così semplice!

Facciamo un tentativo: avviare LibreOffice Writer o un editor di testo, o qualsiasi altra applicazione a scelta che permetta di inserire del testo. Ora si digitino alcune frasi. Selezionare una parte del testo appena digitato con il tasto sinistro del mouse. È necessario fare clic sul menu "Modifica" e premere il tasto "Copia"? No? Scommetto che qualcuno sta pensando sia necessario utilizzare una combinazione di tasti sulla tastiera, ad esempio "CTRL + C". In Linux è ancora più semplice: selezionando il testo, è già stato copiato. Giusto... quel testo adesso è copiato nella memoria "buffer" del mouse e non c'è bisogno di premere nient'altro.

Ora cliccando da qualche altra parte del documento, si sposti il cursore lì e si clicchi il pulsante centrale del mouse (o la rotellina, o entrambi i pulsanti sinistre e destro se il mouse ha solo due pulsanti ... si è pensato a tutto, a parte quegli strani mouse Mac con un tasto solo). Come si può vedere il testo in precedenza selezionato è stato incollato.

Quanto più ci si abitua a questa operazione, tanto più velocemente il testo sarà copiato e incollato. Questa tecnica funziona anche sulla maggior parte dei sistemi operativi Unix e GNU / Linux.

Nota: Il buffer usato dal mouse non è lo stesso di quello usato dal desktop MATE. Così, si può effettivamente copiare qualcosa con il mouse e qualcosa di diverso con "CTRL + C" o con il menu "Modifica". Grazie a questo è possibile copiare due elementi alla volta e, secondo come sono stati copiati, possono essere incollati o con il tasto centrale del mouse o con "CTRL + V" o usando il menu "Modifica".

C'è ancora molto da imparare su Monfy-Mate e su Linux in generale. Questa guida è solo una panoramica di alcuni degli aspetti riguardanti il desktop. A questo punto l'utente dovrebbe sentirsi più a suo agio a utilizzarlo e avere una migliore comprensione di alcuni dei suoi elementi. Quale altro aspetto si vuole approfondire? Si vuole imparare a usare il terminale? O provare altri desktop (KDE, XFCE, ecc)? Sta all'utente scegliere. Teniamo a mente che Linux è divertimento, e la comunità è lì per aiutare. Ci si prenda il tempo necessario e s'impari un po' ogni giorno. C'è sempre qualcosa di nuovo, non importa quanto si sa già.
Godetevi Linux e grazie per aver scelto Linux Monfy-Mate.

Requisiti di sistema:

Per funzionare senza rallentamenti, il computer su cui si vuole installare **Monfy-Mate** deve soddisfare i seguenti requisiti minimi raccomandati:

Versioni 32 e 64 bit:
Processore 1600 MHz x86;
1 Gbyte di RAM;
8 GiB di spazio libero su disco;
scheda grafica con una risoluzione minima pari a 1024x768;
scheda audio;
connessione Internet.

Versione Light
Processore 1000 MHz 386;
512 Mbyte di RAM;
8 GiB di spazio libero su disco;
scheda grafica con una risoluzione minima pari a 1024x768;
scheda audio;
connessione Internet.

Installazione

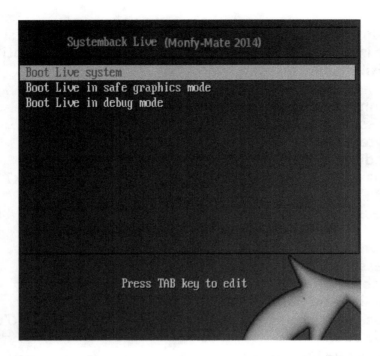

Installare Ubuntu Monfy-Mate con Systemback:

Dopo aver scaricato la iso e aver masterizzato il dvd (o creato una pen drive) inseritela nel lettore e avviate il pc in live selezionando la prima riga a questa schermata:

al termine del caricamento vi troverete nella Live dove potete provare e testare il nuovo sistema Linux nel vostro computer,

Come sempre raccomando vivamente prima di installare di salvare tutti i file e i vostri documenti dall'Hard Disk... e di provare ogni periferica collegata al pc, dalla Web cam alla Stampante... quando avete visto che tutto è perfettamente funzionante potrete procedere all'installazione...
quindi prepariamo l'Hard disk :andiamo in Sistema; Preferenze; Dischi (vedi immagine)

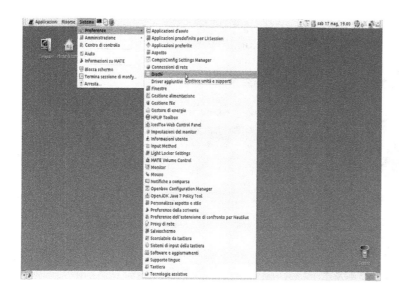

si aprirà la finestra di configurazione del vostro hard disk sul quale dovete operare preparando le due partizioni che vi serviranno all'installazione del sistema operativo:

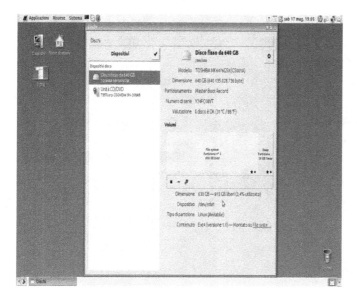

nel nostro caso abbiamo un Hard disk da 640 Gb, di cui lo partizioniamo con 630 Gb per la partizione primaria usando lo slash / e i rimanenti 10 Gb di partizionamento per lo Swap, ricordatevi che la prima partizione deve essere avviabile.

Eliminiamo le partizioni
per effettuare questa operazione vi verrà chiesta la password che nel nostro caso sarà ancora quella della versione Live ... quindi digitate UBUNTERO (in minuscolo → ubuntero) e premete invio

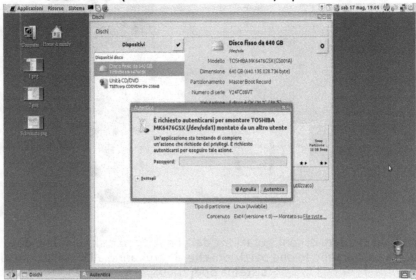

la partizione verrà eliminata... createla usando la EXT4 avviabile... all stesso modo create la partizione Swap.

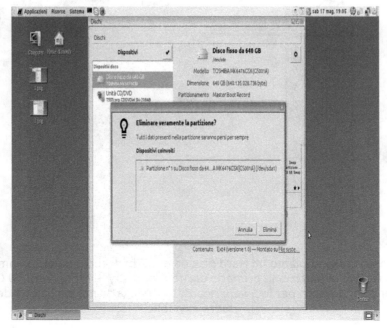

Fatto questo l'Hd è Pronto per ricevere l'installazione del sistema operativo, quindi andate su Applicazioni: Strumenti di Sistema; Systemback.

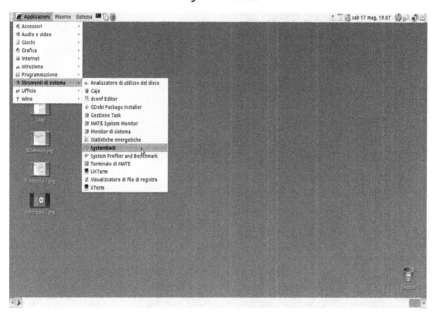

Si aprirà la schermata di inserimento della password che dovrete digitare come prima scrivendo ubuntero

fatto questo si aprirà la finestra di Sistemback per l'inserimento del nome utente e password che saranno quelle del vostro sistema. Ricordatevi bene la password perché vi servirà per molte cose...

per comodità io inserirò Monfy come nome utente e mate come password ...

lasciate lo spazio di root libero perché non vi servirà a molto... e compilate i campi che vedete nella schermata sotto...

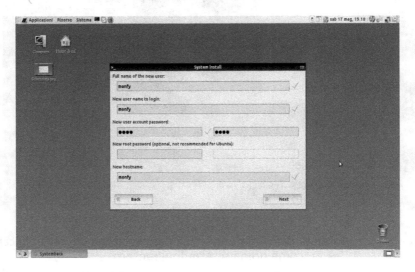

quando sarà tutto compilato cliccate su "next" e proseguite...

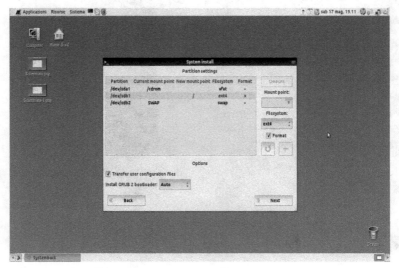

selezioniamo l'hard disk (nel nostro caso sdb1 poi clicchiamo dove vedete
scritto "mount point" e selezionate lo slash (/) come file system
selezioniamo EXT4, spuntiamo la scritta "format" e clicchiamo sulla freccia
che punta a sinistra... per attivare le modifiche.

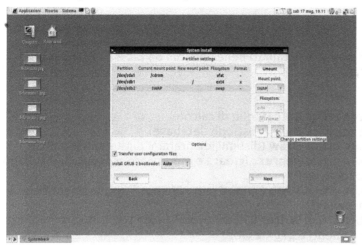

Facciamo la stessa cosa per la seconda partizione Swap:
clicchiamo su "mount point" e questa volta selezioniamo SWAP e
clicchiamo sulla freccia che punta a sinistra (change partition setting)
Clicchiamo su Next per avviare l'installazione... vi verrà chiesta ancora una
volta conferma...
Clicchiamo su start, e dopo una decina di minuti di attesa il sistema sarà
installato... quindi riavviamo il pc e finalmente avremo installato il sistema
operativo.

Attualmente le versioni di Monfy-Mate sono tre:

64Bit

32Bit

Light

Come software preinstallato nelle versioni 64 Bit e 32 Bit possiamo annoverare:

ufficio :

- Libre office **Calc** (foglio di calcolo)
- Libre office **Base** (gestione database)
- Libre office **Draw** (disegni, diagrammi di flusso e loghi)
- Libre office **Impress** (creare e modificare presentazioni, diapositive e pagine web)
- Libre office **Math** (creare e modificare formule scientifiche ed equazioni)
- Libre office **Writer** (creare e modificate testi, lettere, rapporti, documenti e pagine web)
- Visualizzatore **pdf Atril**
- gLabels (crea biglieti da visita, copertine dvd e adesivi su formati prefuztellati)

Audio e Video:

- Brasero (crea e copia cd e dvd)
- Cheese (scatta fotografie e crea video usando la web cam)
- Kazam (registra una sessione video del desktop in tempo reale)
- VLC (legge acquisisce e trasmette i tuoi flussi multimediali)

Grafica:

- GIMP (crea immagini e modifica fotografie, fotoritocco e animazioni)
- simply scan (gestione dei dispositivi di scansione, scanner)

Internet:

- Gestore mail Thunderbird
- Browser Mozilla Firefox
- Transmission per il dawnload file torrent

e molto altro...

Mentre nella versione Light troviamo gli stessi pacchetti ma in versione leggera...

- Abword x i testi
- gnumeric per i fogli di calcolo
- vlc
- browser WebKit per navigare

- gimp per la grafica
- transmission per i file torrent e molti altri programmi utili ad un uso proficuo fin dalla prima installazione

Monfy-Mate 15.1 come le sue versioni precedenti è stato creato usando Systemback per cui l'installer non è automatico ma bisogna intervenire sulle partizioni (questa operazione, come qualsiasi nuova installazione, cancellerà definitivamente tutti i vostri dati, premunitevi facendo ricorso ad un back-up dei vostri documenti)

la password creata con systemback è e sarà sempre ubuntero,

Monfy-Mate come tutte le distribuzioni Linux, che esse siano ufficiali, non ufficiali, derivate o semplici remix è e sarà sempre gratiuto.

Monfy-Mate è tutt'ora alla versione 15.1 e potrà subire delle migliorie in futuro quindi si avranno delle numerazioni differenti.

Monfy-Mate è supportata dalla casa madre Ubuntu 14.04.1 fino al 2019!

Ubuntu è per esseri umani, Monfy-Mate è una remix dalla semplicità estrema...

Il Terminale:

Shell, *terminale* e *riga di comando*, sono termini che indicano in maniera equivalente un dispositivo a interfaccia testuale. Può servire a svolgere gran parte delle mansioni in un sistema operativo: muoversi attraverso il file system per creare, cancellare o rinominare file, scaricare, installare o rimuovere programmi, per configurare l'hardware, per creare script e molte altre cose.

Tante delle azioni sopra elencate, come noto alla maggior parte degli utenti, possono essere svolte tramite programmi a interfaccia grafica. La riga di comando può essere utile qualora sussistano dei malfunzionamenti di tali programmi e si vogliano tracciare eventuali bug, nel caso non esistano programmi a interfaccia grafica o semplicemente perché l'utente ritiene comodo usarla.

sudo gedit /etc/apt/sources.list
Apre, e consente di modificare, la lista dei repository.

sudo cat -n /etc/apt/sources.list > ~/Sources_list.txt
Crea un file di testo con la lista dei repository e i numeri delle righe nella home.

sudo dpkg -i nome_pacchetto.deb
Installa un pacchetto .deb da terminale.

sudo dpkg -r nome_programma
Rimuove un pacchetto da terminale.

sudo dpkg -P nome_programma
Per rimuovere pacchetti che con apt-get non si è riusciti a rimuovere.

sudo alien -k nomefile.rpm
Converte i pacchetti .rpm in .deb

dpkg —configure -a
Tenta di riparare pacchetti danneggiati

dpkg –get-selections
Stampa tutto il software installato.

dpkg –get-selections > ~/pacchetti_installati.txt
Salva la lista dei pacchetti installati, se la si salva può essere usata per ripristinare il sistema.

sudo bashdpkg –set-selections < ./pacchetti_installati.txt && apt-get dselect-upgrade
Usa la lista creata dal comando precedente per installare, in caso di reinstallazione tutto il software che si aveva precedentemente.

APT-GET

sudo apt-get install nome_pacchetto
Installa un nuovo pacchetto.

sudo apt-get remove nome_pacchetto
Rimuove il pacchetto selezionato.

sudo apt-get –purge remove nome_pacchetto
Rimuove un pacchetto, compresi tutti i file di configurazione.

sudo apt-get autoremove nome_pacchetto
Rimuove un pacchetto e tutte le dipendenze inutilizzate.

sudo apt-get -f install
Tenta di di riparare i pacchetti con delle dipendenze non soddisfatte.

sudo apt-get clean
Rimuove dalla cache di apt i pacchetti .deb

sudo apt-get update
Aggiorna la lista dei pacchetti disponibili dai repository.

sudo apt-get upgrade
Scarica e installa gli aggiornamenti per tutti i pacchetti installati.

sudo apt-get dist-upgrade
Aggiorna l'intero sistema ad una nuova versione.

apt-cache search stringa_da_cercare
Cerca una stringa nella lista dei pacchetti conosciuti.

Comandi diretti senza uso di sudo

wget
Scaricamento file, siti web, file_iso direttamente da terminale

top
monitor di sistema completo e accurato (vedi foto)

```
salvatore@salvatore-R: ~
File  Modifica  Visualizza  Cerca  Terminale  Aiuto
top - 14:31:00 up  4:00,  2 users,  load average: 0,32, 0,45, 0,48
Tasks: 145 total,    2 running, 143 sleeping,    0 stopped,    0 zombie
%Cpu(s): 12,0 us,  1,2 sy,  0,0 ni, 86,3 id,  0,5 wa,  0,0 hi,  0,0 si,  0,0 st
KiB Mem:   3964088 total,  2763112 used,  1200976 free,   206268 buffers
KiB Swap:  4026364 total,        0 used,  4026364 free.  1692756 cached Mem

  PID USER      PR  NI    VIRT    RES    SHR S  %CPU %MEM     TIME+ COMMAND
 2211 salvato+  20   0  122164  41780   5964 R  16,9  1,1  39:43.58 conky
 2438 salvato+  20   0 1224888 403628  52972 S  10,3 10,2  47:03.41 firefox
 1242 root      20   0  182568  62488  43940 S   1,3  1,6   9:28.92 Xorg
 5626 salvato+  20   0    5428   1368   1008 R   0,7  0,0   0:00.04 top
  168 root      20   0       0      0      0 S   0,3  0,0   0:01.80 jbd2/sda1-8
 1839 salvato+  20   0  101404  24776  12816 S   0,3  0,6   2:27.52 compiz
    1 root      20   0    4452   2552   1480 S   0,0  0,1   0:03.02 init
    2 root      20   0       0      0      0 S   0,0  0,0   0:00.00 kthreadd
    3 root      20   0       0      0      0 S   0,0  0,0   0:01.73 ksoftirqd/0
    5 root       0 -20       0      0      0 S   0,0  0,0   0:00.00 kworker/0:+
    7 root      20   0       0      0      0 S   0,0  0,0   0:05.74 rcu_sched
    8 root      20   0       0      0      0 S   0,0  0,0   0:00.00 rcu_bh
    9 root      rt   0       0      0      0 S   0,0  0,0   0:00.01 migration/0
   10 root      rt   0       0      0      0 S   0,0  0,0   0:00.08 watchdog/0
   11 root      rt   0       0      0      0 S   0,0  0,0   0:00.07 watchdog/1
   12 root      rt   0       0      0      0 S   0,0  0,0   0:00.00 migration/1
   13 root      20   0       0      0      0 S   0,0  0,0   0:01.56 ksoftirqd/1
```

Si possono utilizzare i seguenti comandi

q – per uscire da top
u – ordina per utente
M – ordina per uso della memoria
P – ordina per l'uso del processore
h – visualizza la guida (help)
k – termina un processo
n – modifica il numero di processi visualizzati

uname
mostra informazioni sul sistema.
opzioni:
-a
visualizzerà tutte le informazioni del sistema
-m
mostra il tipo di macchina
-n
mostra il nome host del nodo di rete della macchina
-s
mostra il nome del kernel
-r
mostra la release del kernel
-o
mostra il nome del sistema operativo

lsusb
rileva tutte le periferiche usb connesse al pc

lsb_release
mostra informazioni sulla distribuzione installata

opzioni:

-d

mostra la descrizione della distribuzione

-c

mostra il nome in codice della distribuzione

-r

mostra il numero di rilascio della distribuzione

-a

mostra tutte le informazioni sulla distribuzione

help: manuale dei comandi

<comando> –help è la guida che spiega la sintassi del comando
$ ls –help E' la guida che spiega la sintassi del comando ls
$ ls –help | more consente di visualizzare la guida del comando ls su più
pagine video (vedi comando more)

cd: cambio directory

cd <directory> consente di cambiare la directory corrente in quella indicata
in <directory> (change directory)
$ cd Desktop se la directory corrente è home porta nella directory Desktop
$ cd .. porta della directory superiore (o padre)
$ cd /var in qualunque directory ci si trovi porta nella directory /var

pwd: mostra la directory corrente

pwd questo comando ci permette di sapere in che directory ci troviamo

ls: lista il contenuto di una directory

ls <opzioni> [<directory>] visualizza il contenuto di una directory (list)

-a lista anche i file nascosti
-l mostra tutte le informazioni per ogni file (formato lungo)
-k dimensione dei file è in Kb (normalmente è in byte).
-F classifica i file a seconda del tipo.
$ ls -l contenuto della directory corrente in formato lungo
$ ls -a / contenuto della directory iniziale (root) compresi i file nascosti
$ ls -lah contenuto della directory corrente in formato lungo

cp: copia file e directory

cp questo comando ci permette di copiare un file o una directory (copy)

-r copia le directory e le sottodirectory ricorsivamente
$ cp file1 cart1 copia file1 dentro la directory cart1
$ cp -r cart1 cart2 copia tutta la directory cart1 dento a cart2

mv: muove o rinomina un file o una directory

mv con questo comando è possibile spostare file o directory (move). Può
essere anche utilizzato per rinominare un file o una directory.

-i chiede la conferma

$ mv vecchio nuovo rinomina il file vecchio in nuovo
$ mv file1 cart1 sposta il file file1 dentro la directory cart1

rm: rimuove un file o una directory

rm con questo comando è possibile cancellare uno o più file (remove)

-rf cancella ricorsivamente sia le cartelle che il loro contenuto
$ rm file1 file2 cancella file1 e file2
$ rm . cancella TUTTO il contenuto della directory corrente. Le eventuali directory presenti non saranno rimosse. Da usare con cautela !
$ rm -rf cart1 cancella tutto il contenuto della directory cart1

rmdir: rimuove una directory vuota

rmdir con questo comando è possibile cancellare una o più directory vuote (remove directoy)
$ rmdir prova cancella la directory vuota prova

mkdir: crea una directory

mkdir con questo comando è possibile creare una directory (make directory)
$ mkdir prova crea la directory prova

pwd: mostra la directory corrente

pwd con questo comando è possibile sapere in quale directory ci troviamo (print working directory)
$ pwd Se l'utente ECOmmunication si trova nella cartella principale visualizza /home/Abaco

chmod: modificare i permessi di un file

chown con questo comando è possibile modificare il permessi di un file.

Per un approfondimento dettagliato sui permessi vedi
http://it.wikipedia.org

Il parametro -R consente di modificare ricorsivamente i permessi delle directory indicate e del loro contenuto.
$ chmod 0755 file1 imposta lettura, scrittura ed esecuzione per il proprietario, e lettura ed esecuzione per gruppo ed altri per file1
$ sudo chmod -R 0755 dir1 imposta lettura, scrittura ed esecuzione per il proprietario, e lettura ed esecuzione per gruppo ed altri per la directory di1 e per i file contenuti

chown: modificare il proprietario di un file

chown con questo comando è possibile modificare il proprietario di un file.

Il parametro -R consente di modificare ricorsivamente i permessi delle directory indicate e del loro contenuto.
$ chown nome1 file1 rende il file1 proprietario di nome1

$ chown nome1:gruppo1 file1 rende il file1 proprietario di nome1 e del gruppo1

$ chown -R nome1:gruppo1 dir1 rende la directory dir1 e i file contenuti proprietari di nome1 e del gruppo1

$ sudo chown -R root:root drupal rende la directory drupal e i file contenuti proprietari di root e del root

cat: visualizza il contenuto di uno o più file

cat con questo comando è possibile visualizzare il contenuto di uno o più files

$ cat file1 Visualizza il contenuto del file1

$ cat file1 file2 > file3 crea file3 con il contenuto di file1 e file2

more: visualizza il contenuto di un file su più pagine video

cat con questo comando è possibile visualizzare il contenuto di un file in più pagine video. Il tasto di Invio fa avanzare la visualizzazione riga per riga mentre la barra spaziatrice fa avanzare di pagine video. Per interrompere utilizzare CTRL+Z

$ more file1 Visualizza il contenuto del file1 in pagine video

$ ls -l | more visualizza il contenuto della directory corrente in formato lungo su più pagine video (vedi comando ls)

df: spazio libero su disco

df con questo comando è possibile visualizzare lo spazio libero su disco

$ df -h Visualizza il contenuto dello spazio libero su disco utilizzando G,M,K byte

free: mostra lo stato della memoria

free con questo comando è possibile visualizzare lo stato della memoria.

Creare un file iso

Creare una iso con tutti i file della cartella corrente

sudo mkisofs -r -o iso_da_masterizzare.iso .

Importante il punto finale

comandi per le memorie dimm
sudo dmidecode -t 16

sudo lshw -s memory

dettagli CPU
sudo dmidecode -t processor

sudo lshw -c cpu
(NB attendere qualche secondo prima che il terminale vi riporti i dettagli)

Wget, è il noto tool per il **download dei file da riga di comando** ed'è sicuramente uno delle soluzioni migliori per scaricare file da internet. Non per questo si trova di default su tutti i sistemi operativi basati GNU/Linux.

Non tutti però conoscono le funzionalità e l'elasticità di **wget**. Ecco una guida introduttiva e semplice all'uso di questo tool e qualche semplice trucco, valida per gli esperti e per i nuovi arrivati.

Comando base: Il comando di base per scaricare solo un file quando abbiamo un link diretto è

wget http://html.it/sample.gif

Recupero di un download interrotto: Se il download è stato interrotto, non è un problema basta un comando per far ripartire il download dal punto di arresto

wget -c http://html.it/sample.gif

Limite di velocità: Non molto utilizzato, ma nel caso avete l'esigenza di diminuire la velocità del download basta digitare questo comando

wget --limit-rate=20k

File di Log: La via migliore per sapere se qualcosa è andata male è salvare l'output in un file di log in questo modo

wget -o $HOME/log.txt

Background: Se siete occupati a lavorare con la linea di comando e non volete attendere che wget finisca il download è eseguire il processo in background:

wget -b

Rinominare: Per scaricare il file con un altro nome basta aggiungere questo paramentro

wget -O nome_file

provare e studiarvi nuovi comandi con un **man wget**

Questo semplice manuale non vuole essere una guida completa all'uso di ubuntu o a Monfy-Mate ma una breve presentazione per chi si avvicina per la prima volta al software libero e in particolar modo al sistema UBUNTU Gnu/Linux e non ha molta conoscenza del computer e dei sistemi operativi in generale.

Ogni ulteriore informazione e approfondimento degli articoli sopra trattati sono reperibili in rete o presso uno degli indirizzi sotto menzionato e tramite forum.
Linux non è più un sistema operativo per soli smanettoni o hacker alla ricerca di chissà quale mistero informatico, ubuntu e tutte le distribuzioni Linux sono una reale alternativa a Microsoft Windows e a Mac OS della Apple entrambe a pagamento.

Ubuntu è e sarà sempre GRATUITO
ubuntu è e sara sempre Open Source
Ubuntu il Nostro sistema operativo

Ogni commento, critica costruttiva e miglioramenti a questa breve presentazione di Ubuntu sono bene accetti, inviate i vostri suggerimenti ai uno dei miei gruppi su Facebook...

Linux per Tutti:
https://www.facebook.com/groups/196874250352247/

Linux in Friuli:
https://www.facebook.com/groups/linuxinfriuli/

Link Utili
www.ubuntu.it
www.ubuntu.com
www.canonical.com
www.istitutomajorana.it/passare-linux/

da Cristian Biasco: http://biasco.ch/videoblog/vbp4

la mia pagina su Facebook:
https://www.facebook.com/rotiliosalvatoreubuntero

il mio sito:
https://monfymate.wordpress.com/about-it/

Si Ringrazia:

Cristian Biasco per avermi concesso il file del testo del suo video.

I mie amici che hanno fatto da beta tester sui loro personal computer

l'Istituto Majorana di Gela nella persona del Prof. Antonio Cantaro per l'aiuto offerto a me e a tutta la comunità Ubuntu

Tutti i miei amici presenti nei miei gruppi Facebook per avermi aiutato a superare qualche difficoltà nella preparazione della ISO di Ubuntu Monfy-Mate in particolar modo: Valentino, Luigi, Ale xis, Franco, Massimo e mio fratello Filippo(che ha aspettato 50 anni prima di farmi un complimento)

E in ultimo ma non meno importati un ringraziamento a tutti coloro che hanno acquistato questo libretto e che sono arrivati fino qui nella lettura
...

Questo semplice manuale non vuole essere una guida completa all'uso di ubuntu o a Monfy-Mate ma una breve presentazione per chi si avvicina per la prima volta al software libero e in particolar modo al sistema UBUNTU Gnu/Linux e non ha molta conoscenza del computer e dei sistemi operativi in generale.

Ogni ulteriore informazione e approfondimento degli articoli sopra trattati sono reperibili in rete o presso uno degli indirizzi sotto menzionato e tramite forum.
Linux non è più un sistema operativo per soli smanettoni o hacker alla ricerca di chissà quale mistero informatico, ubuntu e tutte le distribuzioni Linux sono una reale alternativa a Microsoft Windows e a Mac OS della Apple entrambe a pagamento.

Ubuntu è e sarà sempre GRATUITO
ubuntu è e sara sempre Open Source
Ubuntu il Nostro sistema operativo

Ogni commento, critica costruttiva e miglioramenti a questa breve presentazione di Ubuntu sono bene accetti, inviate i vostri suggerimenti ai uno dei miei gruppi su Facebook...

Linux per Tutti:
https://www.facebook.com/groups/196874250352247/

Linux in Friuli:
https://www.facebook.com/groups/linuxinfriuli/

Link Utili
www.ubuntu.it
www.ubuntu.com
www.canonical.com
www.istitutomajorana.it/passare-linux/

da Cristian Biasco: http://biasco.ch/videoblog/vbp4

la mia pagina su Facebook:
https://www.facebook.com/rotiliosalvatoreubuntero

il mio sito:
https://monfymate.wordpress.com/about-it/

Si Ringrazia:

Cristian Biasco per avermi concesso il file del testo del suo video.

I mie amici che hanno fatto da beta tester sui loro personal computer

l'Istituto Majorana di Gela nella persona del Prof. Antonio Cantaro per l'aiuto offerto a me e a tutta la comunità Ubuntu

Tutti i miei amici presenti nei miei gruppi Facebook per avermi aiutato a superare qualche difficoltà nella preparazione della ISO di Ubuntu Monfy-Mate in particolar modo: Valentino, Luigi, Ale xis, Franco, Massimo e mio fratello Filippo(che ha aspettato 50 anni prima di farmi un complimento)

E in ultimo ma non meno importati un ringraziamento a tutti coloro che hanno acquistato questo libretto e che sono arrivati fino qui nella lettura
...

ISBN 978-1-326-16883-4